こうやれば
できる！

知的障害特別支援学校の
「主体的・
対話的で
深い学び」

吉田 真理子 編著

ジアース教育新社

はじめに

　私の校長としての11年を支えた教育理念は、Evidence Based Education（以下、EBE：根拠のある教育）の実践である。「自分でやらないと、やれるようにならない。」を合言葉に、できることとできないことを見極めて適切な課題を設定して自発的に持てる力を使うことで能力を伸長させることを何回も説いてきた。

　先日、ある知的障害特別支援学校の学習指導案を見たとき、児童・生徒観の欄に「他害がある。大声を出す。自己刺激行動が多い。」という記述があった。私は違和感を覚えた。何故なら記述内容が示しているのは、何をしているのか分からない状態に長く置かれたときの子どもが苦しんでいる姿であり、決して、知的障害の障害特性ではないからである。それが児童・生徒観に記載するほど常態化しているとすれば、改善すべきは教師側の対応にある。校長として3校に勤務したが、どの学校でも1年程度で、子どもたちが何をしているかが分かる環境が整い、障害の軽重に関わらず静かに落ち着いて学習するようになった。長期にわたって形成された前出のような二次障害は、簡単に消失しないが、適切な対応によって頻度は激減し、少なくとも児童・生徒観に書くような状態ではなくなる。EBEを標榜し、各学校の先生方が教育環境を整え、子どもたちが自発的に活動できるような工夫をしてくださったからだと感謝している。特に東京都立八王子特別支援学校では、さらに進化して「主体的・対話的で深い学び」を具現化していったので、次世代の指導者の皆さんに私の実践を伝えたいと願いこの本を作ることにした。最初は以下に述べるような単純な発想から出発したが、EBEの実践を全校に徹底させることで、学校が変化していったことを読み取っていただければ幸いである。

　校長として最初にやったことは、校内を見て周りの安全を確認することである。ところが、どの学校でも教室内に普段使わない教材や生活用品が雑然と置いてあったりした。棚の上の加湿器、大型の教材が積まれた廊下、等々。「安全のために片付けて、整理整頓してください。」と言うと、「片付ける場所がありません。」と言われる。「使わないものは捨ててください。」と言い、捨てるための予算を確保したり、学校として具体的な整理計画を立てたりした。片付け終わると、廊下の向こうに非常口が見えてくることもあった。校内が整然とすると、何も教育内容に手をつけていないのに、子どもたちが落ち着き、事故も減っていくから不思議である。その後、いわゆる構造化等の教育環境の改善に着手していった。

　次に「ことば」への対応である。あるとき、もしも自分の身に何か起きて高次脳機能障害となり、子どもたちのような状態になったら何が一番必要だろうと考えてみた。想像できないことばかりで、

子どもの側から物事を見ていない自分に気づいた。言葉のない世界、記憶できない世界は想像すらできない。もう少し具体的に考え、例えば冷たい水をゴクゴク飲みたいと思って、ジェスチャーで飲み物を要求したとする。「何か飲みたいのね。」と言って相手から熱いお茶を出されたら、要求表現の術もない中では怒るしかないように思う。さらには、怒ったことを指導でもされたら、そのストレスたるや半端ではないと思う。視覚障害や聴覚障害、肢体不自由では、点字や手話、パソコンの活用などが、その教育行程も含めて確立されているが、知的障害では、道半ばである。コミュニケーション手段の確立を研究した時代があったが、気をつけていないと「コミュニケーションには気持ちの問題が一番重要」として核心からずれていく。もちろん、コミュニケーションをとりたいという気持ちがあって初めてコミュニケーションが成立することは承知している。しかしながら、音声言語もしく音声言語に代わるコミュニケーション手段や使い方を学習しないと、気持ちがあっても表現ができない。さらには、知的障害のある子どもたちには、機械的な訓練はなじまないので、必要のある場面を設定して練習を積んでいかなくてはならない。私は、適切な音声言語の環境を整えるとともに、代替手段として「絵カードによるコミュニケーションブック」を取り入れて成果を実感した。しかし、「ことば」の問題は知的障害教育の普遍的な課題解決に至っていない。教師が授業に必要な「ことば」への配慮（例：子どもの理解言語に応じたシンプルな指示、視覚支援の併用等）、その子に適した代替手段等、ICT 機器の活用も含めて知的障害教育の大きな課題の一つとして捉え、どこの知的障害特別支援学校や知的障害特別支援学級でも支援が受けられるようになってほしいと願っている。

　「ことば」を育てながら、コミュニケーションを取れるように工夫し、教育環境が整うと、子どもたちは心理的安定が得られ、どの学校でも、「先生の指示を理解して適切な行動を自発的に取ること」は常時できるようになっていった。落ち着いて学習に取り組めるので、学年を重ねるごとにその子が目標とした基礎的な知識・技能を積み重ねることができた。先生の指示を理解して適切な行動がとれると、たくさん褒められるので自信がつく。自信がつくから主体性・自発性が発揮できるのである。主体性・自発性の発揮には、成功体験の積み重ねが重要で、そのために「子どもが分かる授業」は欠かせない。

　ステップアップは東京都立八王子特別支援学校時代に訪れる。着任して2年が過ぎる頃、授業観察に行った教室で、障害の重い子どもであっても、自発的な動きの中で迷いながら一生懸命に考えて判断し、選び取っていく姿を多く見かけるようになった。自発的・主体的活動を取るとき、人は皆、考えている。折しも知的障害のある子どもたちの学力とは何かと考えているときで、学校教育法に書かれている学力の3要素「基礎的な知識・技能、思考力・判断力・表現力等の能力、主体的に学習に取組む態度」は、知的障害のある子どもたちにも、そのまま当てはまるのだと確信を深めた。だとすれば、一人一人の状況に応じた基礎的な知識・技能をもとにして、これからの時代を生き抜くに必要な

資質・能力となる思考力・判断力・表現力や学びに向かう力は、意図的に授業に組み込む必要があると考えた。考えることもまた「自分でやらないと、やれるようにならない。」からである。「分かって動くから考えて動くへ」は当時の研究推進プロジェクトのキャッチコピーとなった。

2017（平成29）年に告示された学習指導要領では、これからの世の中を生き抜くための資質・能力を育成するための授業改善の指針として「主体的・対話的で深い学び」が示されている。東京都立八王子特別支援学校では、主体的・自発的な活動であることやコミュニケーションを取ることが授業の基本なので、その基本に基づき授業の組み立てや教師の発問、友人との関わり等から、どのようにして考えたり、判断したり、表現したりすることを導き出すか、どのような内発的動機付けをするかを実践研究してきた。実践研究の成果は、「主体的・対話的で深い学び」を知的障害教育校においても実現できることを示している。また、今回の学習指導要領では、どの学校種、どの教科においても、目標を柱書と(1)知識・技能、(2)思考力・判断力・表現力、(3)学びに向かう力・人間性で整理された。例えば「音楽」の柱書は通常の学校も特別支援学校も、ほとんど同じで、教科が目指すものは学びの場が違っても同じであることが示されたと考えている。インクルーシブ教育システムの構築を目指し、通常の学校と特別支援学校の連続性が担保できるように、特別支援学校においても学習指導要領を基本として学力の3要素を具現化していくことが求められる時代になったのである。

東京都立八王子特別支援学校では、小・中学部から高等部へ進学した者のうち、2015（平成27）

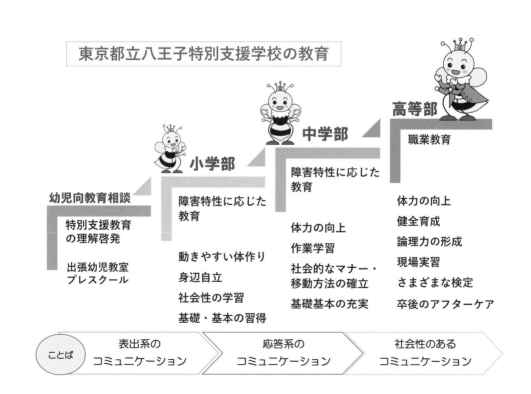

年度から毎年1～3名の生徒が一般就労を果たしている。一般就労率も平均して30％前後であったものが、2017（平成29）年度には42％まで伸びている。小学部での学びを基本にしながら、中学部・高等部では地域や関係機関、企業と連携した授業も多く作り出されており、「深い学び」は社会に開かれた教育課程と連動して、さらに充実していっている。

2019年8月

吉田 真理子

＊東京都立八王子特別支援学校＊

　東京都八王子市台町にある知的障害教育の特別支援学校。1966（昭和41）年に創立しており、東京都で3番目に歴史が長く、2016（平成28）年に創立50周年を迎えた。

　通学区域はニュータウン地区を除く八王子市全域。児童・生徒数は2007（平成29）年には小学部158名、中学部77名、高等部208名の443名となり、それに伴う教職員数も教員系152名、行政系11名の大規模校である。東京都より言語能力向上拠点校や職業教育の充実研究指定校となる中、2015（平成27）年に時事通信社第30回教育奨励賞（努力賞）受賞、2017（平成29）年にオリンピック・パラリンピック教育アワード校に選ばれた。

目次

はじめに 3

第1章 「主体的・対話的で深い学び」の基本

「主体的・対話的で深い学び」の基本と実現に向けて ……… 12

1 「主体的・対話的で深い学び」の前提 12
2 意欲・言語・思考と発達障害 12
3 意欲の障害と原因 13
4 「テレビゲーム vs. 授業」にみる意欲の違い 14
5 周囲との関係性と負の心理反応と行動 15
6 あらためて「テレビゲーム vs. 授業」にみる意欲の違い 17
7 「主体的・対話的で深い学び」の実現に向けて 18

第2章 「主体的・対話的で深い学び」を実現する研究活動

Ⅰ 研究活動について ……… 22

1 研究推進のための重層的な仕組みづくり 22
2 PDCA サイクルを活用した実践研究 22
3 やってほしいことは書式の中に仕掛けておく 23

Ⅱ 高い成果を上げる研究の仕組み ……… 24

1 研究活動の3本柱 24
2 使う言葉を共通理解する 25
3 役割分担をして、研究体制を構築し、目標や役割を視覚化する 27
4 研究で必要な研修を行う 29
5 PDCA サイクルによる研究計画と年間スケジュールの提示 29
6 効果的な研究活動を行うために 31
7 サブテーマにみる研究活動の変遷 41

Column 1 職員会議から〜「実践報告会」〜 47
Column 2 教材教具発表会 48

第3章　知的障害特別支援学校における「主体的・対話的で深い学び」とは

I　知的障害特別支援学校における「主体的・対話的で深い学び」の実現に向けて ……… 50
1. 自立活動の基盤のある教科指導のために　50
2. 知的障害特別支援学校における主体的・対話的で深い学び　50
3. 社会資源との連携でさらに充実する双方の学び合い　51

II　自立活動のベースの上に成り立つ教科学習 ……… 52
1. 分かる授業のための4つのベース　52
2. 自立活動のベースの上に成り立つ教科学習　53
3. 分かる授業のための4つのベースの具体的内容　53

【4つのベースを活かした実践事例】 ……… 68

①小学部　社会性の学習
　　　　　言語技術向上のための基礎指導〜質問に答えることをとおして〜　68

②高等部　理科
　　　　　豆電球回路の実験の結果を論理的に表現する実践　72

③小学部　国語
　　　　　文字に関心をもって読むことができるための指導　76

④中学部　国語
　　　　　文章の構成を理解して書くための基礎指導　80

⑤高等部　作業学習
　　　　　適切な接客を行うための指導　84

⑥高等部　情報
　　　　　一人でワープロソフトの文書作成ができるための指導　88

⑦小学部　音楽
　　　　　音楽に親しむための初期段階の指導　92

Column 3　木工コンクール　都知事賞　95
Column 4　高等部作業班と企業との連携①　96
Column 5　高等部作業班と企業との連携②　97

第4章　外部専門家との連携

I　外部専門家との連携にあたって ……… 100
1. 連携するために必要な素地　100
2. 組織体制　100
3. 外部専門家に求められる資質・能力　101
4. ティームアプローチを目指す　101

II　外部専門家との連携〜連携を成功させるために〜 ……… 102
1. 連携する目的　102
2. 外部専門家の一日の流れ　103
3. プロジェクトリーダーの役割　104
4. 学部担当者の役割〜連携の決定から終了までの流れ〜　105
5. 担任の役割〜アセスメントの日程や受ける人の決定から終了までの流れ〜　105
6. 「カンファレンス記録便り」から専門家のアドバイスの例　106

Column 6　狂言体験教室　108
Column 7　藝大21 藝大アーツ・スペシャル2016の楽屋裏　109
Column 8　文化庁主催「共に生きるアーツ」に合唱同好会が出演　110

第5章　小・中・高のつながりのある学び

I　小・中・高のつながりのある教育 ……… 112
1. 「ことば」でつなぐ12年　112
2. スケジュール指導　114
□ 何故「教室環境」や「手だて」が大切なのか？　115

II　「ことば」でつなぐ小学部・中学部・高等部 ……… 116
1. コミュニケーション支援とは　116
2. コミュニケーションの初期指導方法　116
3. 「コミュニケーションブック」の活用　116
4. 言語技術教育とは　117

III　スケジュール帳の活用でつなぐ小学部・中学部・高等部 ……… 118
1. スケジュール支援とは　118

2　スケジュール支援の初期指導　118
　　3　スケジュール帳活用の支援　119
　　□　「コミュニケーションブック」の活用例　120

　Column 9　自律調整学習者への道～インディペンデントからワークシステムへ～
　　　　　　　　　　　　　　　　　　　　　　　　　　　　　　　　　　　122

　Column 10　50周年記念ロゴについて　123

第6章　まとめにかえて
　主体的、対話的な学びを描く研究活動を5年間支えて ……………………… 126
　　1　基礎固め～「自閉症教育」「授業改善」、そして「ことば」～　126
　　2　自閉スペクトラム症（ASD）への迅速、かつ科学的根拠に基づく対応　127
　　3　教育カリキュラムの提示～教師は授業のプロである～　131
　　4　新たなカリキュラムの創造に向けて、トライし続けよう！　133

【資料】東京都立八王子特別支援学校の教育 ……………………………………… 137

文献一覧
執筆者一覧
編著者プロフィール

第1章

「主体的・対話的で深い学び」の基本

「主体的・対話的で深い学び」の基本と実現に向けて

早稲田大学教育・総合科学学術院 教授　坂爪 一幸

1　「主体的・対話的で深い学び」の前提

　知的障害特別支援学校には発達障害（以下、知的障害を含む）のある児童・生徒が在籍している。年齢や発達障害の種類や重症度で違いはあるが、発達障害のある児童・生徒は授業への態度に積極的が乏しい、また授業への集中が難しいといった印象をもたれがちである。そのような印象は発達障害に直接起因するものだろうか？それらの児童・生徒に「主体的・対話的で深い学び」の教育を実現するにはどのようにすればよいだろうか？

　あらためて、「主体的・対話的・深い」とは何であろうか？一般的な辞書によれば、「主体」とは「自覚や意志をもち、動作作用を他に及ぼす存在としての人間」、「主体的」とは「自分の意志判断によって行動するさま」とある。また「対話」とは「双方向かい合って話をすること」、「対話形式」とは「教師が学生と対話しながら進める授業の形式」とある。そして「深い」とは「考えを十分にめぐらしている。物事をよく見極めている」とある（以上、『スーパー大辞林』より引用）。

　このような理解に基づけば、「主体的・対話的で深い学び」とは、「児童・生徒が自ら積極的に学ぶ。相互的・交流的に教えを受ける。そして自らよく考える」ということになる。つまり、「主体的・対話的で深い学び」が成立するには、意欲（自発性・能動性・積極性）、言語（ことば・コミュニケーション）、そして思考（考える）の働きが前提になる。

2　意欲・言語・思考と発達障害

（1）意欲・言語・思考と授業

　「主体的・対話的で深い学び」の教育を実現するには、発達障害のある児童・生徒の意欲や言語や思考の状態への理解と配慮が必須になる。意欲は言語や思考を支える"土台"（基礎）である。また思考は主に言語によって支えられている。言語は思考するための"道具"（形式）であり、"材料"（内容）でもある。

　授業の形式と内容も言語が基本になる。教師は言語を通じて、言語によって蓄積された（文字で残されてきた）人類の知識を伝える。児童・生徒は言語を介して教えを受け、考え、そし

て応える。授業は言語と思考の働きで成り立っているが、それらを支えるのは意欲である。つまり、「主体的・対話的で深い学び」の根本は意欲にある。

（2）意欲・言語・思考の神経基盤と発達障害

　意欲や言語や思考の基盤は脳になる。意欲は大脳の中心部領域（大脳皮質下：基底核・視床下部・辺縁系）や表面部の前方領域（前頭葉：底部・内側部）、言語は左大脳半球の表面部領域（大脳皮質：言語野）、思考は大脳の表面部の前方領域（前頭葉：背外側部）と後方領域（頭頂葉：頭頂連合野）に関連が深い。成人でこれらの脳領域が損傷されると、意欲障害、言語障害（失語症）、思考障害などの高次脳機能障害が現れる。

　発達障害の原因は神経発生・発達上に生じた何らかの問題にある。そのために、大脳の機能、特に高次機能の獲得が遅れたり偏ったりする。機能獲得の遅れや偏りには各脳領域の神経成熟の早さも影響する。大脳の中心部は表面部に比べて成熟が早い。また大脳の表面部の後方領域は前方領域よりも成熟が早い。成熟の遅い脳領域の機能ほど発達上の影響を受けやすい。

　このような脳の成熟過程からは、発達障害は意欲よりも言語や思考に影響しやすいといえる。その一方で、前述のように、発達障害のある児童・生徒は授業への意欲に乏しい印象をもたれがちである。意欲は「主体的・対話的で深い学び」の根本だが、児童・生徒にみられる意欲の乏しさは発達障害に直接起因するもの（一次障害）だろうか、それとも他の原因によるもの（二次障害）だろうか？

❸ 意欲の障害と原因

（1）意欲とその障害の原因

　意欲（以下、興味・関心・態度などを含む）とは周囲に対して自ら活動（行動）する働きをいう。意欲には欲求と意志が関係する。欲求は活動に駆り立てる内的状態であり、また意志は主体的に活動する心的状態である。つまり、欲求というエネルギーを意志でコントロールすることで活動が開始・維持され、また活動に目的・方向性が与えられる。

　意欲は脳損傷によって障害される（器質性の意欲障害：一次障害）。概して、前頭葉底部の損傷によって意欲の易変、前頭葉内側部の損傷で意欲の低下が生じやすい。発達障害では、それらの脳領域の成熟の問題で類似の状態を示すことがある。

　意欲は周囲（環境）との関係によっても影響を受ける（心因性の意欲障害：二次障害）。自らの行動とそれに伴う結果に何ら関係がないことを経験すると意欲は低下する（例：学習性無力感）。発達障害がある場合、実生活の多くの場面でそのような経験をしやすい。そのために成功感や効力感が低下する。また、失敗感や無力感や抑うつ感（落ち込み）が喚起される。そ

れらの結果、生活態度が受動・消極・内閉的になったり、苦労する場面をすぐに避けたりしやすい。

（2）意欲障害の臨床像

意欲に障害がある場合、臨床的には意欲の程度（強さ）や方向（向き）や範囲（広さ）が適切でなくなる。次のような特徴がみられる。

意欲が変わりやすくなる（易変性）。意欲を一定に保てなくなる。その結果、行動に一貫性やまとまりがなくなる。行動が続かなかったり、他の行動に移ろいやすくなったりする。実生活では、興味や関心の対象が変わりやすい、気移りが激しい、落ち着きがない、ふるまいが乱雑になる、衝動的に行動するなどが目立つ。

意欲がなくなる（低下）。自発性や持続性がなくなる。その結果、行動しようとしなくなったり、行動が続かなかったりする。実生活では、周囲に興味や関心を示さない、周囲と交流しようとしないなど、生活に能動性がなくなる。意欲低下が重度になるにつれ、生活全般が受動的になる。意欲低下が最も重度の場合には、話すことも動くこともしなくなり（寡黙・寡動）、無為・無欲（無動・無言）の状態になる。

意欲が変わりにくくなる（固執性）。意欲の方向を変えられなくなる。その結果、意欲が固着したり、意欲の範囲が狭くなったりする。実生活では、こだわりが強い、融通が利かない、定型的な行動が多いなどがみられる。

❹ 「テレビゲーム vs. 授業」にみる意欲の違い

（1）意欲の現れの違い

発達障害のある児童・生徒は授業への取り組みが受け身であったり、授業が教師からの一方通行で進行したりしやすく、授業への主体性・対話性は不十分になりがちである。このような場合、意欲のなさは発達障害のためとみなされやすい。しかし、そのような児童・生徒でも、たとえば、家庭ではテレビ（コンピュータ）ゲームやタブレット端末やパソコンに熱中して取り組み、それらを長時間続けている場合が多い。それらの器機とは"主体的に対話"している。

もし発達障害のために脳機能としての意欲自体に問題があれば、前述したような意欲障害の状態像が現れる。また、どのような場面でも意欲は不十分になるはずである。児童・生徒の意欲の現れ方が場面によって違うのは、脳機能としての意欲自体が障害されているのではなく（未熟さはあるが）、周囲との関係から児童・生徒が身につけたものである可能性が高い。つまり授業への意欲の不十分さは、発達障害に直接的に起因する症状（一次障害）ではなく、児童・生徒が過去の経験に基づいて学習したからである（二次障害）。そこにはヒトや他の動物

に共通する学習機序が働いている。

(2) ヒトの活動の基本と学習機序

　ヒトや動物の行動の根本は「快な事態への接近」と「不快・嫌悪な事態からの逃避・回避」である。これは生得的な行動傾向だが、ヒトや動物には環境に適応するために新しい行動を獲得したり、既存の行動を変えたりする学習機序も備わっている。

　ヒトや動物の基本的な学習機序は馴化型学習（周囲への慣れをもたらす学習）、パブロフ型学習（周囲への予測をもたらす学習）、そしてオペラント型学習（行動の獲得と調整をもたらす学習）の学習機序である。さらにヒトには、模倣型学習（他者を模倣して学習）や観察型学習（他者を観察して学習）といった、より高次の学習機序もある。

　これらのうち、馴化型・パブロフ型・オペラント型の学習機序はヒトや動物に共通し、主に大脳皮質下の働きに基づいており、かなり早期に発達する学習機序でもある。そのために、低年齢でも、発達障害が重度でも、確実に備わっている学習機序である。そのような学習機序を備えているために、児童・生徒は周囲との関係（慣れや予測）から、自分の行動を絶えず変容（獲得と調整）している。

5 周囲との関係性と負の心理反応と行動

(1) 環境との関係性と行動

　前述のように、ヒトや動物には「快への接近」と「不快・嫌悪からの逃避・回避」という生得的な行動傾向があり、さらに経験によって行動を変える学習機序が備わっている。これらを基盤にして周囲に適応している。

　何らかの原因で周囲との適応的な関係が低下すると、負の心理（感情）反応が喚起され、それらから逃避したり、それらを回避したりする行動が優先的に生起する。周囲との適応関係とは「周囲がよくわかり、周囲にうまく対応できる」という関係である。このような関係がある程度成立していないと、児童・生徒は心理的に不安定になり、それらを解消しようとする行動が優勢になる。そのような状態にある場合、「主体的・対話的で深い学び」は難しい。

　発達障害のある児童・生徒は、意欲に発達の未熟さや偏りがあるにしても、本来は意欲的である。就学前までの親子関係が中心の家庭生活では活発に活動して（遊んで）いる。しかし、他者との関係が不可欠になる就学後（あるいは就学前）の集団生活では、周囲から発達状態に合わない無理な関係を"強要"されやすい。そのために負の心理反応が頻繁に喚起され、それらから逃れるための"もがき"の行動を身につけるようになる。"もがき"の行動は問題行動とみなされがちだが、児童・生徒が周囲との関係から学習した行動である場合が多い。無理な

関係から生じやすい負の心理反応としては、不安やフラストレーション（欲求不満）や無力感が代表的である。それらが「主体的・対話的で深い学び」を妨げる（表1参照）。

表1 「テレビゲーム vs. 授業」にみる意欲の違いと主な要因

場面 （課題の内容）	認 知 （内容の状況）	感 情 （状況に伴う気持ち）	行 動 （気持ちに伴う態度）
テレビゲーム VS 授 業	よくわかる	安心感	近づく・好む
	よくわからない	不安感	避ける・嫌がる
テレビゲーム VS 授 業	思うようにやれる	満足感	取り組む・楽しむ
	思うようにやれない	不満感	投げ出す・苦しむ
テレビゲーム VS 授 業	うまくできる	効力感	続ける・がんばる
	うまくできない	無力感	やめる・あきらめる

（2）理解の不足と不安

　発達障害があると、言語などの認知機能（高次脳機能）の獲得が遅れたり偏ったりしやすい。それらは周囲の状況や事態（授業・課題を含む）への理解を不十分にする。理解の不足（わからなさ）は不安を喚起する。不安は不快・嫌悪で過緊張の状態であり、不安から逃れたり、不安を紛らわしたりするために、児童・生徒はさまざまに"もがく"。たとえば、安心を求めて慣れ親しんだ物や見知った人を探し回る（徘徊）。自分自身に強い刺激（痛み）を加えたり（自傷）、物を破壊して強い刺激（大きな音）を体感したりして（攻撃）、不安という過緊張を紛らわそうとする。さらに、状況が理解不能な場合には極度の不安から、泣き叫ぶ、うずくまる、激しく動き回るなどで懸命に逃れようとする（パニック）。

　理解できない授業や解決の仕方がわからない課題は不安を喚起する。不安の存在は「主体的・対話的で深い学び」を妨げる。必要以上の不安の喚起を避けるには、授業理解への配慮が欠かせない。発達障害の状態、授業の内容や課題の水準、働きかけやコミュニケーションの工夫、生活環境の整備、そして共感・受容的な接し方などが大切になる。

（3）行動の阻止とフラストレーション

　認知機能の遅れや偏りは欲求の充足、要求の実現、そして目標の達成などを妨げる。自らの思いが十分にかなえられない場合、フラストレーションが生起する。フラストレーションも不快・嫌悪で過緊張の状態であり、解消するための"もがき"の行動が現れる。フラストレーション時には攻撃性や退行性や固着性の強い行動が現れやすい。自傷行動や破壊などの攻撃行動による発散、目的性の低い未分化で未熟な退行行動による紛らわし、そして慣れた行動の反復

や強いこだわりなどの固着行動による安定への希求が出現しやすい。

　十分に応答できない授業や完了できない課題はフラストレーションを喚起する。フラストレーションは「主体的・対話的で深い学び」を妨げる。必要以上のフラストレーションの喚起を避けるには、欲求や要求や思いの充足への配慮、またフラストレーションを適度に発散させる運動や楽しめる余暇的な活動などの導入が大切になる。

（4）行動の無効と無力感

　認知機能に遅れや偏りがある場合、実生活で求められる多くの行動がうまくいかない場面に出会いやすい。自ら実行した行動に結果が伴わない（無関係）ということを経験しやすい。そのような経験は効力感を低下させ、無力感を発生させる（例：学習性無力感）。無力感も不快・嫌悪で過緊張な状態であり、その状態に出会うことを避けようとする。その結果、あきらめが早くなる。意欲も低下して、生活態度が受動的・消極的になる。さらには内閉的になり、引きこもるようになる。

　がんばっても応答できない授業や解決できない課題は無力感を喚起する。無力感は「主体的・対話的で深い学び」とは対極の状態をもたらす。必要以上の無力感を避けるには、自らの行動が何らかの結果を伴うという経験への配慮が必要になる。自発した行動に対するきめ細かな"認め"の提供、課題解決への適切な手がかりや補助の提供、自信につながる役割の用意など、効力感や達成感の得られる経験の蓄積や主体者意識への配慮が大切になる。

❻ あらためて「テレビゲーム vs. 授業」にみる意欲の違い

（1）テレビゲームへの意欲の高さ

　テレビゲームと授業への意欲の違いは次のように考えられる（表1参照）。

　テレビゲームへの熱中は主に内容のわかりやすさと主体者意識の高さによる。テレビゲームの内容は視覚情報（効果音などの聴覚情報も含まれるが）が主である。画面に現れる内容（例：キャラクターなど）は現前し続けるものであり、直感的で具体的であいまいさの少ないものでもある（予測性の高さ）。そのためにテレビゲームはわかりやすい。またテレビゲームは画面を見てコントローラを操る（視覚―運動経路）。コントローラを操作して画面のキャラクターの動きなどを自ら操れる（操作・支配感の高さ）。さらにテレビゲームは自分のペースで進められる。加えて、弾むような音楽が流れ、得点が表示される（強化子の随伴・結果のフィードバックの即時性と頻度の多さ）ために達成感と同時に、楽しさや嬉しさといった正の感情も強く味わえる。つまり、テレビゲームは前述した学習機序が正の方向に最大限に働く要素に満ちている。

テレビゲームのこれらの特徴は強い効力感と高い主体者意識をもたらす。そのために児童・生徒はテレビゲームに全力で取り組む。全力を尽くすことは働きを上限で最大限に「自ら使う」ことでもある。「機能の自発的使用」は機能が改善するための根本原則である。これが満たされるために、テレビゲームのステージ・レベルは漸次向上する。これらが児童・生徒がテレビゲームに対して「主体的・対話的で深い学び」を熱中して続ける理由である。

（２）授業への意欲の低さ

　対して、授業に熱中しないのは主に内容のわからなさと主体者意識の低さによる。授業の内容は多くが言語（聴覚）情報であり（絵や写真などの視覚情報も含まれるが）、話を聴いて答えたり書いたりする（聴覚－運動経路）。音声言語はそのつど消え去るものである。また言語情報は視覚情報に比べて、概して抽象的で多義的である（予測性の低さ）。さらに、授業は教師のペースで進む。加えて、授業ではテレビゲームのように自ら操る機会は少なく（操作・支配感の低さ）、授業への取り組みに対して結果がきめ細かく返されることも少ない（強化子の随伴・結果のフィードバックの非即時性と頻度の少なさ）。そのような授業では学習機序が負の方向に働く要素が多い。

　これらのために授業はわかりづらく、効力感と主体者意識は低くなりがちになる。授業にうまく対応できなければ、達成感のなさと同時に、悔しさや苦しさなどの負の感情を味わいやすい。児童・生徒が授業に全力で取り組まなければ、「機能の自発的使用」の原則が満たされないために伸びは乏しく、そして「主体的・対話的で深い学び」は難しい。

❼ 「主体的・対話的で深い学び」の実現に向けて

　発達障害のある児童・生徒への授業で「主体的・対話的で深い学び」を実現するには、言語などの認知機能の状態への正確な理解が前提になる。その理解に基づく働きかけの仕方の工夫、授業（教材）の内容と水準の調整、そして日常生活への細やかな対応が欠かせない。

　発達障害のある児童・生徒は授業場面で"よくわからない"（理解の不足→不安）、"思うようにやれない"（行動の阻止→フラストレーション）、そして"うまくできない"（行動の無効→無力感）といった場面に出会いやすい（表１参照）。これらの負の経験は児童・生徒の気持ちを不安定にし、効力感や自己評価を低下させ、そして主体性を奪うことにつながりやすい。そのような事態では「主体的・対話的で深い学び」は難しい。前述の学習機序の存在や負の心理反応と行動との関係を踏まえて、テレビゲームに熱中する理由などを十分に考慮して、「主体的・対話的で深い学び」の実現に必要な要因や工夫を授業場面に取り入れることが求められる。

加えて、「主体的・対話的で深い学び」の基本になる意欲を育むためには、授業場面だけでなく、日常生活へのきめ細かな配慮も必要である。学校生活や家庭生活において、児童・生徒の状態に見合った役割（例：学級の係）や課題（例：手伝い）などを適宜に課して、それらを達成した経験を積み上げていくことが意欲を育む。このためには家庭（保護者）と学校（教師）との連携が大切になる。これらが「主体的・対話的で深い学び」の実現につながっていく。

【参考文献】
1）坂爪一幸：高次脳機能の障害心理学－神経心理学的症状とリハビリテーション・アプローチ－．学文社，東京，2007.
2）坂爪一幸：特別支援教育に力を発揮する神経心理学入門．学研教育出版，東京，2011.

第2章

「主体的・対話的で深い学び」を実現する研究活動

Ⅰ 研究活動について

　学校教育の質が向上するということは、授業の質が向上することであると考え、研究活動を学校経営の中心に据えた。授業をするのは一人一人の教師であるので、若手もベテランも授業力向上に向けて実践研究してもらった。これもまた、「自分でやらないと、やれるようにならない。」からである。

1　研究推進のための重層的な仕組みづくり

　学校が改善を果たすべき課題については、具体的な解決のための方策とともに「学校経営計画」に明記する。課題ごとにプロジェクトチーム（以下、PT）を置き、学校経営計画に基づいて課題解決に当たる。従ってPTの内容も数も年度によって異なるが、授業改善を司る研究推進PTは、毎年設置することになった。学校課題の解決のために企画立案をするPTとは別に、ルーティンワークを分掌部が担当し、PTと分掌部であるOJT（On-the-Job Training）研究研修部や教材・教具開発部、各学部も連携をして実践研究を遂行した。

　研究の柱は、グループと個人による授業研究である。研究に必要な知識・技能は、校内研修会で得られるように計画した。シラバスを研究推進PTのメンバーが中心となり、学習指導要領に基づいて作成し、シラバスの内容から年間指導計画や授業計画を立てるようにした。児童・生徒の実態把握は、授業改善には欠かせないため、専門家連携PTとも常時連携して研究活動を進めた。

2　PDCAサイクルを活用した実践研究

　グループ研究では、研究テーマに基づいて研究授業を実施し、グループ協議を経て改善授業

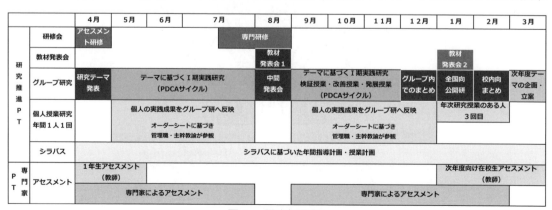

図1　研究概要図

をすることを1クールとして、Ⅰ期実践研究とⅡ期実践研究を実施している。Ⅰ期実践研究が終わった後に、中間発表会を校内で開催し、研究推進PTが中心となって、テーマに沿った研究になっているかどうかを検証する。Ⅱ期実践研究において、テーマを捉えていないグループは改善授業となる。仮説が立てられた場合には検証授業、さらに内容を発展させたい場合には発展授業へと進んでいく。東京都立八王子特別支援学校は、教員が150人を超える大規模校であるため、研究のブレを防ぐためにはⅠ期・Ⅱ期の研究活動が必要であった。授業を担当する全教員が1人1回以上実施する研究授業は、グループ研究で進めている内容を自身の授業でも検証を行い、グループ協議に生かすねらいがある。150人もの教員がいる現場では、その数と同じ研究協議会を持つことは不可能である。そこで、管理職や主幹教諭の参観は必須として、その授業の参観を望む教員も加え、その授業を参観した人からどんな意見がほしいかを記載した授業者による「オーダーシート」（P31「効果的な研究活動を行うために」参照）に基づいて意見を付箋紙に書いて返す仕組みを作り、研究協議会に代えた。学校がスタンダードとする教育が進行しているかどうかの検証の場にもなり、一定水準を保つために有効であった。年間をとおしてのPDCAサイクルがうまく回り出すと、校長が考える次年度の研究テーマとPTが考える次年度研究テーマは一致するようになった。

③ やってほしいことは書式の中に仕掛けておく

授業改善の第一歩として根拠のある教育（EBE）を推進したいと考えていたため、児童・生徒の実態把握にはアセスメント結果を分析して個別指導計画の目標に結びつけることが必要だったが、着任時、アセスメントは全ての教師が実施しているわけではなかった。全児童・生徒の「言語機能アセスメント」と「J☆sKep」※（7つのキーポイント）の検査をして、個別指導計画の目標に生かすことを学校経営計画で明示するとともに、個別指導計画の書式や研究授業の際の学習指導案の書式にアセスメント結果とその分析を記入する欄を盛り込んだ。最初は拙い分析であっても、数年続けると多くの教師が大雑把でも的確な判断ができるように成長していった。教師にアセスメントによって子どもを観る視点ができれば、細かな分析は専門家にお願いすることができる。また、公立学校教師の異動による継続研究の難しさは、春休み中に異動者向けの研修会を実施することや、研究の成果物を自己点検シートの形で研究授業をする際の書式に加えることで、学校の授業の際のスタンダードに変えていった。

※ J☆sKep：Japanese seven Key Points。自閉症教育の基礎となる学習を支える学びを7つのキーポイントをまとめたもの。詳しくは第6章を参照。

Ⅱ 高い成果を上げる研究の仕組み

　都立八王子特別支援学校は、教員数が150名の大規模校である。組織運営の特徴として、教員数が多いため、主担任は分掌をもたないことが挙げられる。大まかに、150名ほどの教員のうち、77学級分の77名が学級運営を行い、残りの70名ほどで、分掌業務を引き受ける。その分掌の主な業務はルーティンの仕事である。新しいことを企画する際は、プロジェクトという主担任や分掌の枠を超えて、課題を解決するのに適した人材が集められて組織される。本校の研究活動は、このプロジェクトとして組織された研究推進プロジェクトチームが企画・運営をしている。研究研修部もあるが、研究研修部が研究活動に関わるのは研究推進プロジェクトが企画した研修を運営することと、既に整備された若手研修などの運営を行うことである。

　この5年間、研究推進プロジェクトチームが研究活動を企画・運営し、児童・生徒の実態把握に基づいて設定した課題に対する指導実践から、教科指導の充実と知的障害特別支援学校における主体的・対話的で深い学びの発信までを積み上げてきた。この研究活動の成果として、①知的障害特別支援学校における主体的・対話的で深い学びとは何かを発信できたこと、②教師の専門性や授業力の向上ができたこと、③高い成果を上げるための研究の仕組みを構築できたことの3点が挙げられる。

　ここでは、③高い成果を上げるための研究の仕組みを構築できたことについて述べる。

1 研究活動の3本柱

　研究活動は、小学部から高等部までの3学部で統一の研究テーマで行った。研究テーマは「一人一人のことばの力を高める授業づくり」である。年度ごとの実績から、次年度のサブテーマを決めるため、サブテーマに研究の成長を読み取ることができる。サブテーマからみた研究の変遷については、本節第7項にまとめた。研究活動には大きな3つの柱がある。1つ目はグループごとに研究活動を行う「グループ研究」、2つ目は全員が年に1回以上研究授業を行うという「全員研究授業」、3つ目は研究活動をする上で必要な知識を得るための「全校テーマに合った研修」である。

（1）グループ研究

　グループ研究は、3～10名程度の小グループによる授業研究である。各グループには研究活動を推進する「グループ研究推進委員」が選出されて、全員がいずれかのグループに所属する。グループ構成は研究課題によって、課題別となったり、教科別となったり、学部を縦断し

た編成であったりする。どのようなグループ編成で研究活動を行うについては、研究推進プロジェクトが決める。グループ研究は、指導案を書く（Plan）、研究授業を行う（Do）、協議会で協議をする（Check）、改善授業を行う（Action）という、PDCAサイクルを年2回行っている。

（2）全員研究授業

全員研究授業は、授業をもっている教員全員が年1回以上、自分が所属しているグループの教科で研究テーマに即した研究授業を行うというものである。自分が行った実践の成果をグループ研究の研究協議に反映させるのがねらいである。したがって、グループ研究と全員研究授業の違いはグループメンバーによる協議会と改善授業の有無のみである。

（3）全校テーマに合った研修

全校テーマに合った研修は、研究テーマに合った研修、研究を行うための知識を得ることを主眼に企画することを重要視している。講師や講演内容の選定については、研究推進プロジェクトチームが担っている。

2 使う言葉を共通理解する

研究に限らず、同じ目的に向かって何かを成し遂げるために必要な要素として、構成メンバーのコミュニケーションの円滑さが挙げられる。海外旅行に行って、言葉が伝わらないということは誰もがストレスに感じるであろうし、コミュニケーションの意欲自体も下がる。研究活動となると、普段何気なく使っている言葉であっても、人によって解釈が違っていると、いつの間にか進んでいる方向がバラバラになりかねない。特に、本校のように150名もの教員がいると、それぞれ少しずつ解釈が違うだけで、150通りもの解釈が生まれてしまう。その解釈のずれをなるべく少なくするために、プロジェクトチームでは、使う言葉やテーマの設定、研究活動の説明には神経を使った。

（1）研究活動で使う言葉の定義

具体的には、研究活動で使う言葉の意味を明らかにすることである。プロジェクトチームは、研究を始めるにあたり、研究テーマである「ことば」とは、何を指すのかを定義した。世の中一般的に「ことば」とはどう定義されているのかも大事だが、研究の目的を達成させるために、どう定義するのかが大事である。そこで、本校では「ことば」を「音声、非音声に限らず、絵や写真などの視覚的な情報手段やクレーンなどの具体的な行動など、一方では、思考・判断のために頭の中で処理している言語的な内容も含んだ、広い意味で捉えている」と定義した。"ことば＝話し言葉"は誰もが真っ先に思いつく「ことば」であるが、本校では文字の代

替手段である絵や写真などの視覚情報も「ことば」であり、指差しや支援者の手を引いて要求するなどの身体的な要求表現なども「ことば」であり、考えていることや思考の過程も「ことば」であると定義した。思考の過程も言葉であると言われてもピンとこないかもしれないが、人は考えるときは言葉、もっと詳しく言うと母国語を使って考えている。試しに朝起きてから家を出るまでの自分の行動を考えてみてほしい。きっと、声には出していないが、頭の中で、「朝起きて、まずトイレに行って…」などとおしゃべりしているはずである。また、休日の過ごし方を考えてみてほしい。出かける用事がある人であれば、「出かける時間が何時だから、何時に起きて、いや待て、出かける準備をしていないから、もうちょっと早く起きる必要があるな」などとスケジューリングをするであろう。しかも、朝寝坊してしまったときは、「朝食を食べる時間がないから、準備をしたら家を出よう」などと優先順位を変えたりするであろう。このように、人は母国語を使って、想起したり、記憶したり、スケジューリングをしたり、優先順位を決めたりするなどの思考をしている。したがって、プロジェクトチームでは思考も「ことば」として定義した。

(2) 全員が共通言語で話せるように

使う言葉の定義は、研究推進プロジェクトチームが定義している。なぜならば、「ことば」をどのように定義するか、というところから研究をしていくのでは、時間ばかりかかってしまうからである。あえて「ことば」とひらがなにしているのは、真っ先に思いつく「話し言葉」だけではないからである。「ことば」のように、範囲を定義することは比較的容易にできるが、「思考」という言葉の定義は難しく、思考とは何かを研究するだけでも、一つのテーマになるくらいである。しかし、「思考」という言葉についても定義をしておかなければ、150名の教員から「思考って何ですか」「これは思考ですか」という質問が150回されることになりかねない上、20もあるグループの研究の結果が、ちぐはぐとなって、まとまりがつかなくなってしまう。そのような場合、先行研究から定義を拝借している。大事なことは、全員が共通言語で話せるようになることである。

(3) アセスメントの手段を統一する

また、児童・生徒の実態を把握するための手段を統一することも大事である。本校では、実態を把握するためのアセスメントを全校で統一した。採用したのは、早稲田大学教授の坂爪一幸先生が提唱している「言語機能アセスメント」と、たすく(株)が作成した「J☆sKep」の2つである。研究協議では、「アセスメントの結果が〇点だから、これは難しいのではないか」といったように、共通の尺度をもつことで、協議もスムーズに進行する上、議論も深まる。

以上のように、研究で使う言葉を吟味したり、定義したり、言葉の意味を説明したり、アセスメントを統一して同じ視点で児童・生徒の実態把握をしたりすることをとおして、全員が共通の言葉が使えるようになると、研究活動自体をスムーズにかつ、効果的に行うことができるのである。

❸ 役割分担をして、研究体制を構築し、目標や役割を視覚化する

　どんなミッションでも目的を達成するためには役割分担とその仕事内容を明確にしておくことが大事で、それは研究活動も同じことである。本校の研究活動に関わる学校組織上の役割分担を図式化すると図2のようになる。

（1）校長の役割

　校長の役割は、学校の目指す方向を打ち出すことである。校長から「目指す学校像」がしっかりと示されれば目標が設定しやすく、研究テーマも具体的になる。

（2）研究推進プロジェクトチームの役割

　研究推進プロジェクトチームの役割は、研究の目的を達成させるための方策の企画・立案・計画や、研修計画の立案などである。多くの学校では、研究部が行っている業務であるが、本校ではプロジェクトチームが担う。研究推進プロジェクトチームは、研究活動をどのように進

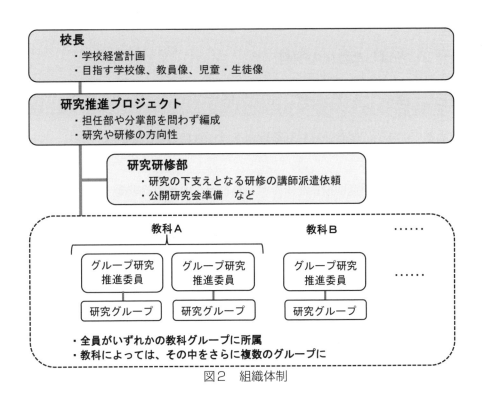

図2　組織体制

めたら効果的であるのかを研究しているようなものである。研究活動を推進するために必要なスキルは様々であるため、プロジェクトメンバーの構成員も重要であると言える。研究のための研究にならないよう、研究活動を日々の授業に取り入れたり、成果を授業改善に反映できたりできる立場にいる、学部の主任などはメンバーには必須である。教務主任など会議や研修会の調整ができる立場の者がメンバーにいると、研究・研修の計画がとてもスピーディにできる。メンバーに研究で必要な知識をもっている人がいないと、知識を得る勉強からしなくてはならない。本校の研究推進プロジェクトチームは7名である。プロジェクトチームは、研究・研修の推進役であるので、それぞれの役目を果たせる立場にいる教員や研究に必要な知識やスキルをもった、やる気がある人材で意図的に構成した方が当然うまくいく。

（3）グループ研究推進委員の役割

グループ研究推進委員は、各グループで互選されるのではなく、校長より選任される。グループ研究推進委員の役割は、研究授業や研究協議会の日程調整をして、グループ研究の計画を立てること、研究協議会の運営・進行を行うことである。各グループが組織されたら、グループ研究推進委員のもと、各グループが自主的に研究活動を進めるので、リーダーシップがとれる者と、研究の趣旨を理解できる者の中から選出される。研究初年度は研究の趣旨を理解してもらうために、グループ研究推進委員を集めて、研究推進プロジェクトチームから説明や進め方の説明を行ったが、研究の進め方を変えず、異動者をグループ研究推進委員にしない限り、説明は不要となる。

（4）グループに所属した教員の役割

グループに所属した教員には、年2回のグループ研究授業の授業者、協議会の記録と研究紀要の執筆の役割を担う。グループのメンバーの人数を少なくしているのは、役割がなくなることで、研究活動に主体的に関わらなくなる教員を減らすためである。

（5）まとめ

以上のように、本校の研究は校長を頂点としたピラミッド型で組織されている。それぞれの役割も明確である。校長は目指す学校像を明確にして、研究推進プロジェクトチームはそれを実現するための具体的な方策を企画・立案して、グループ研究推進委員はそれぞれの課題を解決するために計画を立てて、グループのメンバーはそれを実践する。それらの役割を担う人材を意図的に適材適所に配置する。このように、役割分担とその仕事内容を明確にして、研究活動そのものが滞りなく進むようになると、授業改善が進み、児童・生徒が変容する。すると、教員のモチベーションも上がり、高い研究成果を上げることができるようになるのである。

❹ 研究で必要な研修を行う

　日々の授業の充実を図るためにも、研究活動を充実させるためにも、知識は必要である。個人的に研修に参加したり、専門書を読んだりして知識を蓄えることも必要であるが、学校として同じ方向性で指導を行うことや、同じ知識を共有することで、お互いの良い点を取り入れて、知識を深め合うことができるため、効果的なOJTの実践にもつながる。

　研究の理想の形としては、研修で知識を得て、その知識を使って指導仮説を立てて研究授業を行い、同じ知識をもった仲間で協議を行い、改善をして、それをお互いに日々の授業に還元していくというような流れが考えられる。そのために、テーマや重点課題に合った講師を選ぶことが重要である。本校では、研修会の講師も研究のテーマに沿った講師をプロジェクトメンバーが管理職と相談しながら決めている。

　学校全体で必要最低限の知識を共有できるようにし、知識が共有できると、自分の授業の経験をグループ研究の協議会で他のメンバーと共有したり、協議会での他のメンバーの意見を自分の授業に取り入れたりすることができる。アセスメントに関する研修により同じ知識をもっているので、児童・生徒の実態把握などには時間をあまり割かずにでき、学校としての方向性が明確なため、観点も大きくずれることはない。

　しかし、実際はうまくいく例ばかりではない。異動により教員が毎年一定数入れ替わってしまうこと、高等部の教員を中心に年ごとに担当する教科が変わってしまうことなどから、かならずしも全員の足並みがそろった状態でその年度がスタートできるわけではないからである。そのため、年度当初に異動者を対象とした研修会を企画し、足並みがそろうようにしている。

❺ PDCAサイクルによる研究計画と年間スケジュールの提示

（1）PDCAサイクル

　本校ではPDCAサイクルを基本とした研究活動及び授業研究を行っている。研究の企画・計画及び職員への意義やテーマ・研究方法の説明（Plan）、Ⅰ期のグループごとの授業研究（Do）、中間発表による検証（Check）、Ⅱ期の研究（Action）、公開研究会及び研究のまとめ・次年度の計画（Check・Action）といった、1年間を大きなPDCAサイクルとした上で、Ⅰ期・Ⅱ期それぞれの研究を指導案作成（Plan）、研究授業（Do）、協議（Check）、改善・検証授業（Action）、改善・検証協議（Check）といった小さなPDCAサイクルとしている（図3）。1回の研究授業で「できた」「できなかった」を評価して終わりにするのではなく、改善策を考えることで、指導技術が高まることや、より深く教材解釈ができるようになる

ことが期待できると考えている。また、研究活動そのものをPDCAサイクルにすることで、Checkにあたる中間発表で研究活動の検証を行い、必要に応じて方向性を修正することが可能である。

(2) 研究活動とスケジュールの周知

　PDCAサイクルを基本に１年間の研究活動を計画することと同じように大事なのが、このような研究活動の趣旨や方法とスケジュールを教職員全員に周知することである。人間だれしも、何を、どれだけ、どのようにやるのか分からないと、不安になるし、当然やる気もわかない。そこで、１年間の研究活動について、全校教員を集めて周知を行う。研究活動そのもののPDCAサイクルのP（Plan）にあたる部分である。これはどの学校の研究活動でも行っているはずであるが、プロジェクトチームが意識しているのは、「研究活動」と「スケジュールの提示」ではなく、「研究活動とスケジュール」の提示という点である。

　全校テーマと公開研究会や発表の日程を示し、方法などはそれぞれの学部やグループに任せるのが「研究活動」と「スケジュールの提示」であるのに対して、研究の組織体制から研究のやり方・時期まで提示をするのが「研究活動とスケジュール」の提示である。

　また、スケジュールの提示で大事なことは、計画の全てを提示することである。やることや役割が決まった後で、「やっぱりこれもやります」と仕事が追加されると、結果的には初めに

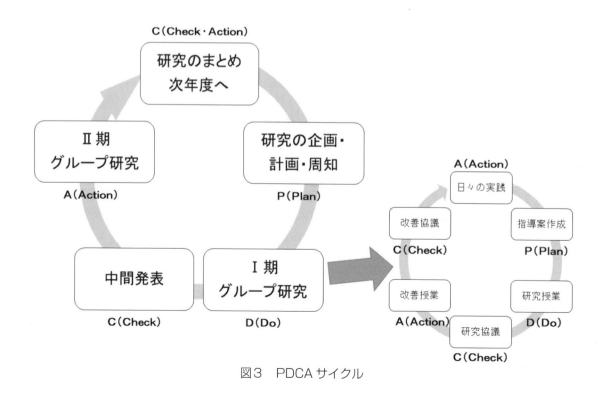

図３　PDCAサイクル

提示された仕事量と同じであったとしても、仕事が増えたという印象が残り、計画性がないと思われても仕方がない。そうならないように、きっぱりと「1年間これをこのようにやる」と言い切れるように、綿密に計画を立てている。

（3）1年間の研究活動のスケジュール

1年間の研究活動のスケジュールは図4のとおりである。実際の研究活動を6月から始めるためには、計画を4～5月に周知させる

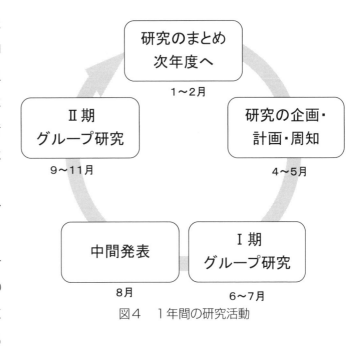

図4　1年間の研究活動

必要がある。この時期、プロジェクトチームは、研究テーマに基づいた研究の到達点の設定から、研究単位の決定、使うツールの作成、年間計画の立案、研修会講師の選定など、仕事量が多い。しかし、1年間の研究活動がうまくいくかどうかは、この計画段階で決まるといっても過言ではない。

6　効果的な研究活動を行うために

「研究をしてください」と言われても、日々授業の準備をしたり、教材を作ったり、雑多の仕事をこなしたりしながら、どのように研究したらよいかまで考えていては時間がいくらあっても足りない。そこで、効率的に研究活動を進める上で、プロジェクトチームが大切にしていることが4つある。1つ目は、やることとやり方を明示すること、2つ目は研究がテーマから外れないようにすること、3つ目は先生方が研究活動に専念できる環境を構築すること、4つ目は、まとめ方をはじめから考えておくことである。要は、授業研究以外の部分は、プロジェクトチームがすべて決めておくことと、研究活動を進める上でつまずきそうなところを洗い出し、そうならない仕掛けをあらかじめしておくことである。

研究授業を行うには、指導案の作成を行い、研究協議会をして、その結果をまとめるという作業が発生する。指導案一つをとっても、どのような書式にするのか、どんな項目を入れるのかから、項目に対して、どのように表記するのかまで、考えなければいけない部分がたくさんある。研究協議会を行うには、何をどのように協議するのか、協議の結果をどのようにまとめ

るのかから、時間設定をどうするのかまで、考えなければならない。これらの大部分は、実際の研究本体とは関係のない事柄である。この事柄に時間を割かれないように、プロジェクトチームがあらかじめ決めておくのである。また、研究の成果を研究紀要などでまとめる段になってそれぞれの研究成果のまとめ方が違っていたり、それぞれの単位でボリュームに差ができてしまったりするのは、まとめ方を考えていないためである。まとめる際に困らないように、まとめで必要な材料を研究協議会の段階で蓄積できるように、プロジェクトチームで仕掛けをつくっておくのである。

(1) やることとやり方を明示する

やることとやり方を明示することについては、研究授業を行うにあたって配布する資料を例にして説明をする。研究授業をする際は、事前に指導案とデザインメモとアセスメントシートとチェックシートを作成し、管理職など決められた人に決められた日までに提出をする。当日は教室前にオーダーシートと付箋紙を準備しておく。文章で書くとこれだけだが、実際作成しようとすると、指導案のデータはどこにあるのか、デザインメモはどのように書けばよいのか、誰にいつまでに指導案などを配布すればよいのかなど、つまずく部分がたくさんある。そこで、そのつまずきをなくすように、作るためのデータがどこにあり、それぞれいつまでにどのように作ったらよいのか、どこに保存して、誰に配るのかが分かる手順書を作成・配布して説明を行っている。次頁の図5が実際に作成して配布した資料である。

この資料では、準備するもの5点とそのデータの校内サーバの格納場所、作成期日（研究授業の1週間前まで）、指導案等の配布先などを示している。フォルダの URL のみを記載しておいても、たどり着かない者のため、フォルダの中身を図として挿入したり、ファイルのアイコンを挿入したりして、誰が見ても分かるようにしてある。

図6は、それぞれの資料の作成方法を実際の資料を示しながら、説明を加えている。どのように記載したらよいかが分かるように、例示したり、矢印や吹き出しを使ったりして示している。資料の構成についても、全体像から個々の資料というように、大きな情報から細かい情報を示すことで分かりやすい説明となる。また、研究の概要説明で使った資料や図を挿入することで、研究の主旨やポイントを効果的に伝えることもねらっている。

やることとやり方を明示することについて、研究授業の指導案を作成するために使うツールを図式化するという視点で述べたが、これ以外にも、研究の概要説明や研究協議会の進め方、研究紀要の執筆の仕方などについても、同じように、図式化したり、資料と説明や例示を示したりすることで、つまずきを減らすよう心掛けている。

第2章 「主体的・対話的で深い学び」を実現する研究活動

研究授業を行うに当たって準備するものは以下の5点です

作成等の順番	ファイル名 等	作成方法 等	ファイルのありか	配布・提出について 等
1	思考力を軸にした授業デザインメモ	目標を立てる際に使用します。ファイルを開くと記入例が書かれてあります。※ここで考えた目標等を指導案に記載します。		4点セット ①思考力を軸にした授業デザインメモ ②実態表 ③4つのベースチェック ④指導案 を
2	実態表	授業の形態に応じてグループ用もしくは、個人用のファイルにアセスメント結果を入力します。J☆sKepの平均点数が「3.4.0」以下の児童・生徒は個別の対応が必要です。「3.4」のベースチェック」の項目にしたがって、個に対する配慮や手立てが整えられているか、確認します。	どちらか選んで作成 各学部のフォルダ内	1週間前までに。[全員研究授業、グループ研ともに] 12部 ・管理職 ・研究推進プロジェクト(末永T、宮脇T、数野T) ・主幹6名 (校長・副校長2名) に配布します。
3	4つのベースチェック	4つのベースはどの授業でも必ずするすべての項目にチェックがつくよう必要があります。自分の授業を点検して、チェックがつかない項目については、整備・準備をします。		※グループ研の研究授業の場合は、グループメンバーにもベースチェックを配布します。
4	指導案	1 思考力を軸にしたデザインメモをもとに目標等を記載します。詳細は裏面を参照。	全員研究授業 指導案様式 グループ研研究授業	
5	オーダーシート	研究のテーマに関わらず、アドバイスが欲しい点などを書きます。	※自分の名前のファイルを作って保存します。	当日、教室前に付箋とともに置きます。参観者がコメントを付箋に書いて貼ります。

○思考とは
・「思考する」とはどのようなことを言うのか？
何をもって思考していると判断するかの観点。各学校で設定することになっていて、「この研究では○○を思考していると考える」など、それぞれに観点を定義しているのが現状です。そこで、本校では、櫻本明美氏（現、神戸親和女子大学 発達教育学部 教授）が提唱している、思考の6要素 ①比較、②順序、③類別、④理由づけ、⑤定義づけ、⑥推理 を「思考」と捉えたいと思います。

○単元の目標
・学習指導要領に基づいた、教科としての目標を書きます
・思考・判断させる目標としての目標を書きます
※「思考する」とは、上記の6つの要素のいずれかが含まれている活動であるといえます。
つまり、目標の中に6つの要素のいずれかが含まれていて、思考させる目標であるといえます。
したがって、「集中して授業に取り組む」という目標は、思考・判断させる目標ではない。
※「絵カードを使って言葉文を作る」という目標は、ことばと絵を結び付けて（類別）、正しいカードを選んで（比較）、主語・述語などの順序に並べて（順序づけ）文を作成するということまで、テーマになるということで、国語の目標となる。
しかし、この目標を、言語技術の向上であり、ふさわしくありません。
したがって、社会の授業で、この目標を立てるのは、ふさわしくありません。

項目	内容
比較	いくつかの物事を、同じところ、違うところ、似たところなどに目をつけて比べ、性質や特徴を明らかにする力。
順序	物事の手順、時間、空間、因果・関心の強さを重要さなどで順序づける力。
類別	目的に合う観点を決めて、いくつかの物事を他と区別したりまとめたりする力。また、類や層を明らかにする力。
理由付け	物事の結果を引き起こした原因・判断を下した主な理由・連鎖や順接などの因果関係などを明らかにする力。
定義付け	物事を抽象化して表したり、簡略化して内容を明らかにする力。また、そのような言葉の意味内容を言えたりする力。
推理	知識や経験をもとにして、「知らない」「分からない」ことがらなどの事物について筋道立てて推し測る力。

神戸親和女子大学発達教育学部 教授 櫻本明美氏による思考の6要素

図5 資料作成の手順書①

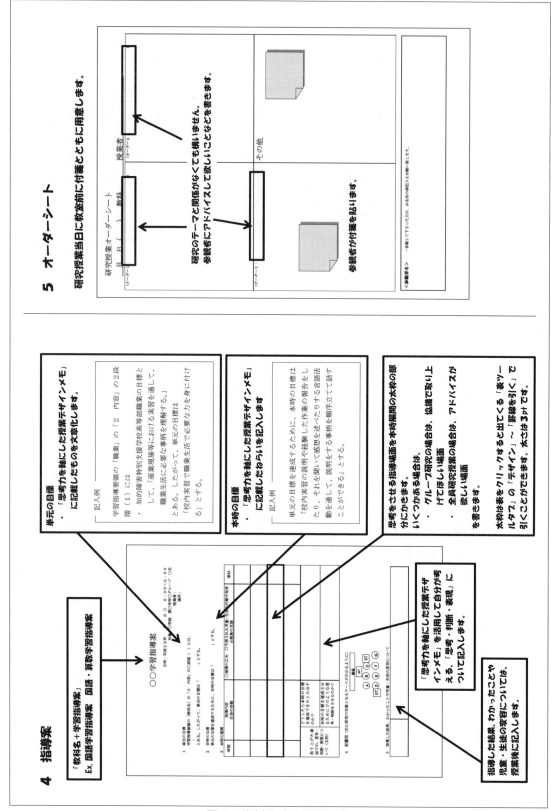

図6　資料作成の手順書②

（2）テーマから外れないようにするために

テーマから外れないようにすることについては、デザインメモを例にして説明する。図７は実際に作成して配布した資料である。実際に印刷されるのは左側の部分で、右側は記入例である。

このデザインメモを作成することで、授業に根拠をもたせることと授業者の授業を考えるプロセスを明らかにすることをねらっている。具体的には、はじめに学習指導要領に記載されている内容を記述する。これを書くことで、授業に法的な根拠をもたせている。次に、授業の目標に対して、どのような発問をして、その発問に対して、どのような表出（発言や記述、行動など）があれば、立てた目標が達成できたとみなせるかを文章化する。つけたい力とそれを実現するために児童・生徒が行う思考・判断と表現を筋道を立てて文章化してもらうためのツールである。デザインメモを作成してから、指導案を行う。図８は学習指導案である。

デザインメモの項目と学習指導案の項目をリンクさせることで、デザインメモの項目を埋めれば、根拠と論理性がある指導案に仕上がるようにした。また、書き出しの言葉をあらかじめ

学部		学年		グループ	
教科		名前			
単元名					

学習指導要領の各教科の内容などから、指導の根拠を記載します

学部名	教科名	段階等	記載されている内容
特別支援学校 （　　　）部 学習指導要領		「２ 内容」 （　）段階 （　）	

1)単元の目標

2)本時の目標　　※「～することができる」を使用した目標を記述

3)目標を達成するための思考力と評価

めざす思考の６要素（該当するものに○をつける）

比較 ・ 順序 ・ 類別 ・理由づけ ・定義づけ ・ 推理

めざす思考を意識した考えられる発問

めざす児童・生徒の行動・発言・記述

本時のめざす思考の評価規準例

～思考力の要素をキーワードとして記述する～

学部	高等部	学年	1年	グループ	2
教科	職業	名前	八王子 太郎		
単元名	校内実習				

例

学習指導要領の各教科の内容などから、指導の根拠を記載します

学部名	教科名	段階等	記載されている内容
特別支援学校 （ 高等 ）部 学習指導要領	職業	「２ 内容」 （2）段階 （5）	産業現場等における実習を通して、職業生活に必要な事柄を理解する。

1)単元の目標

校内実習で職業生活で必要な力を身に付ける

2)本時の目標　　※「～することができる」を使用した目標を記述

・校内実習の説明や経験した作業の報告をしたり、それを聞いて感想を述べたりする言語活動を通して、説明をする事柄を順序立てて話すことができる。

3)目標を達成するための思考力と評価

めざす思考の６要素（該当するものに○をつける）

比較 ・ 順序 ・ 類別 ・理由づけ ・定義づけ ・ 推理

めざす思考を意識した考えられる発問

・校内実習で自分が担当した仕事を順番に報告しましょう
・校内実習で自分ができるようになった変化を報告しましょう

めざす児童・生徒の行動・発言・記述

・私は、校内実習で3つの仕事をしました。1つめは○○です、2つめは○○です。3つめは○○です。3つめは○○です。
・私は、校内実習で○○の仕事をしました。最初は△が難しくて失敗しました。何度も繰り返しているうちにできるようになりました。

本時のめざす思考の評価規準例

～思考力の要素をキーワードとして記述する～

・手だてとして用意したプリントに沿って、作業内容をナンバリングしながら、順序立てて説明することができた
・作業日誌をたどりながら、自分の成長した点を順番に振り返りながら、説明することができた

図７　デザインメモ

○○学習指導案

日時：平成　年　月　日（　）　0：00〜0：00
対象：○学部　第○学年○グループ　○名
授業者：
場所：

1　単元の目標
　　学習指導要領の（教科名）の「2　内容」の○段階（　）には、
　　　・
　　とある。したがって、単元の目標は「　　　」とする。

2　本時の目標
　　単元の目標を達成するために、本時の目標は「　　　」とする。

3　本時の展開

時間	指導内容 生徒の活動	○指導の工夫　□予想される児童・生徒の行動や発言 ☆教員の支援	教材

取り上げた場面での、思考・判断・表現について（太枠）	どうしたら本時の目標を達成できたとみなすのか？	
	本時の目標を達成させるためにどのような思考・判断をさせるのか？	

4　配置図（主に研究の対象となるケースがわかるように）

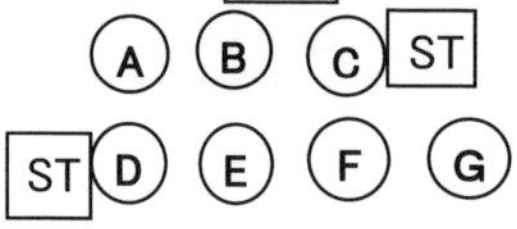

```
         黒板
         MT
      A  B  C  ST
    ST D  E  F  G
```

5　指導した結果、わかったことや児童・生徒の変容について

図8　学習指導案

記載しておくことや、文章を穴埋めにしておくことも、工夫点の一つである。このように、授業のデザインの方法を示すことで、テーマから外れずに、統一感のある研究となる。

（3）研究協議に専念するために

実際に研究協議をするのは、プロジェクトチームではなく先生方である。その先生方が研究協議に専念できる環境を構築することも、プロジェクトチームの仕事である。協議会を効率的に進めるスキルを高めるにはそれなりの時間と労力が必要である。プロジェクトチームでは、協議会を運営する際に使うツールを作成して配布をすることで、誰でもある一定水準の協議会運営ができるようにしている。研究推進委員には、Microsoft 社の Excel を使って作成した「協議会シート」に沿って協議会を進めている（図9）。1回目の協議会は1枚目のシート、2回目の協議会は2枚目のシートというように、1回の協議会の内容を1枚のシートにまとめて、協議会の回数分のシートで構成した。

限られた時間で協議を行うため、各シートには、それぞれの場面でかける時間の目安も示してある。示した資料は、1回目の協議会シートで、この会は授業のビデオを見て、次の協議会で協議する観点を出し合う会となっている。ビデオを見る時間を20分、協議する観点を付箋に記入する時間を10分としている。研究活動は主に児童・生徒下校後の放課後に行うため、1回にまとまった時間が取れない。1回目の協議は課題を出して、2回目に議論をするなど、協議を複数回に分けて行う。Excel の機能を使い、2枚目のシートに1枚目のシート内容をリンクさせておくようにして、前回のおさらいの資料を作る手間も省いている。協議会を行うときには、このツールを開くと、何をどのように、どれくらいの時間配分で行い、結果をどこに、どのように書いたらよいのかが一目で分かるようにしてある。また、協議する観点も示されているため、研究で深めてほしいところから議論が外れないようにする工夫もしている。

このように、それぞれの場面で使うツールをあらかじめ準備して、やることだけでなく、やり方も示したり、作業の手間を省く工夫をしたりすることで、本題にすぐに取りかかることができる。また、この仕組みを継続することで、異動してきた者は別として、先生方も研究活動に見通しがもて、新たに研究推進委員になる者も、やり方を見てきているので、進め方に戸惑うことが多少は軽減できると考えている。

（4）まとめ方をはじめから考えておく

研究成果を文章としてまとめる際は、前提と過程と結果を筋道立てて書けばよいのだが、自由な形式で書くようにすると、作文が苦手な者には非常につらい作業になる。また、読む側にとっては文体や構成が変わると、非常に読みづらいものになりがちである。そこで、書く側も読む側も互いにメリットがあるように、執筆内容の大部分を「協議会シート」や研究活動の記

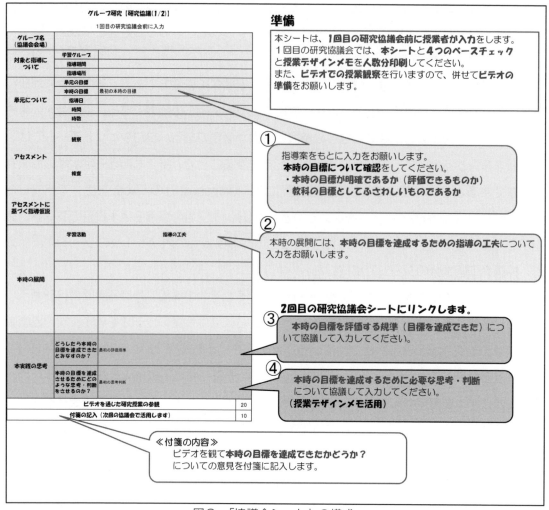

図9 「協議会シート」の構成

録、協議会の記録の内容を書き写すことで出来上がるようしておくとよい。多くの場合、研究の成果発表や成果物の作成は、1年の研究活動が終わる年度の後半になることが多い。その時期は次年度に向けて忙しい時期でもあり、その忙しい時期に、過去のことを思い出しながら、文章をひねり出さなくても済むように、まとめにつかう素材を研究活動の中で残しておくようにするとよい。

図10は、グループ研究の2回目の協議会、すなわちグループ研究のまとめとなる「協議会シート」である。最後のまとめの部分を「本実践でわかったこと」という項目にしてある（図10の⑤）。この欄は、後日研究の成果をまとめる実践の記録に記載することを前提に入力してもらう。まとめの各段落の書き出しの言葉をあらかじめ記載しておくことで、考察の方法が各グループでまちまちにならないように工夫されている。具体的には、「本研究の結果から、

第2章 「主体的・対話的で深い学び」を実現する研究活動

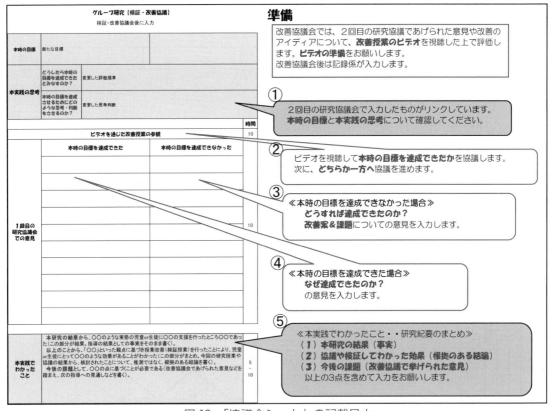

図10 「協議会シート」の記載見本

～」といった事実、「以上のことから、～」といった根拠のある結論、「今後の課題は、～」といった協議会で挙げられた意見で、これらのパラグラフをつなぐと、まとめの文章が出来上がるようになっている。実際には、授業者による校正を行うことが必要ではあるが、一から考えて作成することに比べれば、雲泥の差であろう。

(5) 研究の蓄積は書式で継続する

　研究のための研究にならないようにするには、研究の成果を日々に授業に還元することと、継続した研究活動が必要である。そのためには、目に見えるもので残しておくことが有効である。そこで、研究の成果として得た知識や考え方などは、研究授業で用意しなければならないものリストに加えることで、授業をする上で全員が知っておくべき知識や必要不可欠な支援や手だてなどが、研究授業をすることで再確認できたり、知識として得ることができたりするようにしておくとよい。

　研究授業の指導案に添付する「グループ実態表」を例に挙げる（次頁図11）。「グループ実態表」には、その授業のグループに所属する児童・生徒一人一人のアセスメントの結果を入力する欄と、アセスメントから導き出される対象グループの状態像をもとにした配慮や課題を書

平成〇〇年度　グループ実態表

授業者		所属研究グループ		対象グループ	
日　時		場　所			

対象グループの実態

言語機能アセスメント

項目	①構音の明瞭さ			②流暢性			③自発語の長さ					④自発語の内容			⑤発話の運用			⑥復唱の長さ					⑦聴覚的把持力					⑧理解水準			
	不能	一部不明瞭	明瞭	なし	非流暢	一部非流暢	流暢	発声なし	単音	単語	2語文	3語文	4語文以上	発声なし	喃語	意味不明	一部意味不明	有意味	なし	乏しい	不適切	適切	不能	単音	単語	2語文	3語文	4語文以上	1ユニット	2ユニット	3ユニット	4ユニット	5ユニット	不能	単語	動作語	性質語	関係語
人数		3	5		3	5				1	4	3				3	5		1	3		4			1	2	2	3		1	2	3	2		3	4	1	

J☆sKep

	①学習態勢	②指示理解	③セルフマネージメント	④強化システム	⑤表出性のコミュニケーション	⑥模倣	⑦注視物の選択	平均
A	5	4	4	5	4	4	5	4.6
B	4	4	4	4	5	4	5	4.3
C	4	5	4	5	5	4	5	4.6
D	4	4	4	4	5	4	4	4.1
E	4	4	4	4	4	4	5	4.1
F	4	3	3	4	3	3	3	3.3
G	3	3	4	3	4	3	3	3.3
H	3	3	3	2	3	3	3	2.9
I	3	3	4	3	3	3	3	3.1
J								
K								
L								
M								
N								
O								
P								
Q								
R								
S								
T								
U								
V								
W								
X								
Y								
Z								

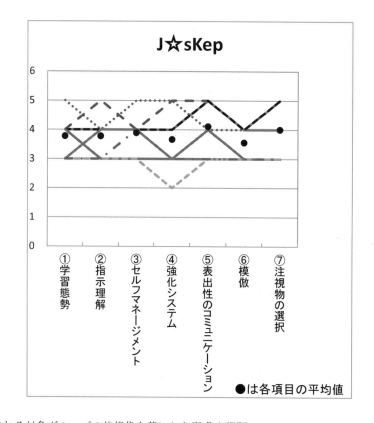

●は各項目の平均値

アセスメントから導き出される対象グループの状態像を基にした配慮や課題

言語機能の聴覚的把持力が2から5ユニットと幅があるため、説明や見本を示す際に視覚的配慮が必要である。理解水準の実態に差があるため、個に応じた言葉掛けや教材の工夫が必要である。

図11　「グループ実態表」

く欄がある。この、アセスメントから導き出される対象グループの状態像をもとにした配慮や課題は、アセスメントの結果を読み取ることができなければ書けない項目である。外部専門家連携事業で、専門家からアセスメントのとり方や結果から配慮することなどのカンファレンスを何度か受けている教員は、苦労することなく書くことができるが、初任者をはじめ、これまでアセスメントに触れることがなかった者は何を書いてよいのか分からないものである。だからこそ、分析する欄を設けて初歩的な内容でもよいので、やり始めてもらう。

　また、研究授業の際には、これまでの研究活動で分かった教室の構造化や授業の構造化などの支援についても、整えられているか自己チェックのための用紙を提出するようにしている。分析することが難しい者がいると分かっていても、分析する欄も設けたり、自己チェックをする機会を設けたりすることで、研究活動の結果から、学校として求めていることを周知しているのである。

　このように、この研究活動の成果を次年度の研究授業の指導案等で使用する書式に組み込むといったサイクルを繰り返すことで、研究活動で得た知識や成果を普段の授業で意識したり、活用したりできるようなる。研究の成果を日々の授業に還元することが可能になるのである。

❼ サブテーマにみる研究活動の変遷

（1）小中高でつながりのあるコミュニケーション指導に向けて

　2013（平成25）年度のサブテーマは、「小中高でつながりのあるコミュニケーション指導に向けて」であった。研究テーマにおける「ことば」とは何を指すのか、コミュニケーションをどう捉えるのか、児童・生徒の課題をどう捉えるのかということが計画段階での課題となった。本校では「ことば」を音声、非音声に限らず、絵や写真などの視覚的な情報も広い意味で「ことば」として定義した。教員全員が同じ尺度をもつために、「言語機能アセスメント」（坂爪一幸（2008）『早稲田教育叢書　特別支援教育に活かせる発達障害のアセスメントとケーススタディ』学文社）と「J☆sKeps™」（以下、「J☆sKep」、たすく：第6章参照）の2つのアセスメントを導入して、その意義やアセスメントの取り方の研修を行い、全児童・生徒について、2つのアセスメントを取った。アセスメント結果から、「言語機能アセスメント」の表出語の長さと「J☆sKep」の平均点により、児童・生徒を課題別のグループに分けた（図12）。全ての児童・生徒に「ことば」の課題があることを前提に、課題別のグループに分けられた児童・生徒を指導している教員を研究のグループに分けて、指導仮説を立てて研究を行った。

　2013年度の主な研究活動・成果としては、「J☆sKep」の平均点が3点未満の児童・生徒

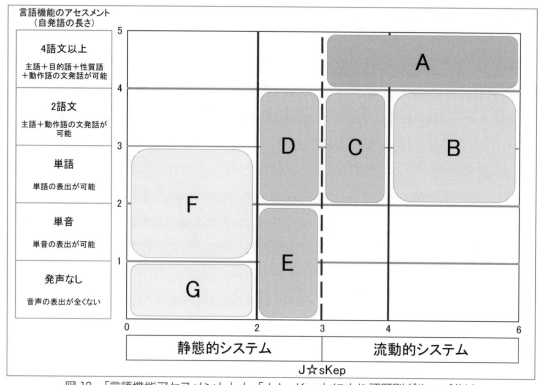

図12 「言語機能アセスメント」と「J☆sKep」により課題別グループ分け

は、表出性のコミュニケーションを身に付ける段階で、学習集団としては個別指導が望ましく、「J☆sKep」の平均点が3点以上の児童・生徒は応答性のコミュニケーションが課題となる集団であり、「言語機能アセスメント」の表出語の長さが5ユニット以上の児童・生徒は、社会性のコミュニケーションが課題になる集団として、課題設定をする必要があることが分かった。知的障害の児童・生徒に指導する上で必要な、コミュニケーション、スケジュール、動機付け、トークンエコノミー*について、学んだ年でもあった。

(2) 分って動く授業づくり

2014（平成26）年度は「分かって動ける授業づくり」をサブテーマにして、「コミュニケーションブック」などのツールを使用して表出することとスケジュールの活用によって自ら行動することといった、主体的な活動を引き出すことを中心課題に据えた。前年度同様、課題別のグループに分けられた児童・生徒を指導している教員を研究のグループに分けて、指導仮説を立てて研究を行った。前年度に取ったアセスメントの結果をもとに、縦軸に言語機能アセスメントの表出語の長さ、横軸に「J☆sKep」の平均点にして、学部ごとに児童・生徒一人一人をプロットしたところ、小学部は表の左下、中学部は真ん中、高等部は右上にプロットされている児童・生徒が多いといった学部ごとの傾向が見えた。このことから、小学部段階では、

表出性のコミュニケーションを個別指導で行い、中学部段階では、応答性のコミュニケーションをねらい、高等部では社会性のコミュニケーションに移行するといった指導の方向性が見えてきた。この年から、研究活動に必要なツールを作成・パッケージ化したり、グループ研をⅠ期とⅡ期の2サイクルで構築したり、研究体制を図式化して目標や役割を視覚化して周知するなど、現在の研究体制が確立されてきた。授業をもっている教員は年1回研究授業を行う「全員研究授業」で、せっかく研究授業を行っても参観者がいなかったという反省を受けて、必ず一人は参観するように全員の研究授業の日程を集約して、主幹教諭による参観体制の調整を行った。全校で一斉にコミュニケーションブックやスケジュールも導入した。コミュニケーションブックやスケジュールで使う絵カードなどの作成が容易にできるように、あらかじめ大きさを指定しておき、カードにしたい画像を選ぶだけで、指定された大きさに画像が変換されてエクセルのシートに貼り付くといったマクロのプログラムを作成して配布した。

（3）主体的な動きから導き出される思考力、コミュニケーション力の育成

　2015（平成27）年度は、自ら表出したり正しく表出したりするためには考えて表出することが必要であることから、「主体的な動きから導き出される思考力、コミュニケーション力の育成」をサブテーマに設定した。ことばの役割を「コミュニケーション」「思考」「行動」と捉え、言語機能や思考の方法について課題を焦点化して研究に取り組むこととして、「ことば」の定義を思考に拡大した。言葉に関する機能を「言語理解」「流暢性」「自発語」「対人使用」「論理性」「記憶」として、課題を「自発的なコミュニケーションを引き出したい」「使えることばを増やしたい」「話し言葉の精度を高めたい」「ことばを使って考えることや、やりとりをできるようにしたい」「ことばを使って、論理的思考を高めたい」の5つに焦点化して、どの課題で研究したいか希望を取り、その結果をもとにグルーピングを行った（図13）。研究の結果から、主体的・自発的な活動を引き出すためには、何をどれだけどのように行えばよいのかが分かることに加えて、ご褒美・報酬による内発的動機付けが重要である。我々大人は、今日一日頑張ったらおいしいものを食べようなど、活動の報酬として自分で自分にご褒美を出して、それを励みにすることを自然とやっているが、知的障害のある児童・生徒はその力がまだ育っていないことがある。そのため、教員が好子のアセスメントを行い、児童・生徒に提示して、頑張ったら好きなものや好きな活動が待っているから、それを励みに頑張ろうという内発的動機付けを高める手だてが必要である。

　課題としては、一見言葉のつまずきがないように見える、知的障害の比較的軽い生徒たちに対して、論理的思考を高めたり、社会性のコミュニケーションを高めたりする手段として、言語技術に関する研究や研修の必要性が挙げられた。

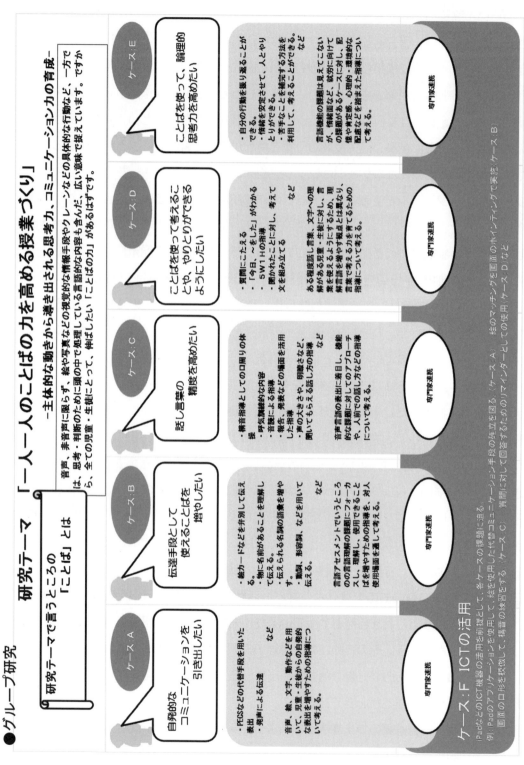

図13　グループ研究

（4）教科指導を通して育てる思考力・判断力・表現力

　2016（平成28）年度は、研究グループの編制を「自発的なコミュニケーションを引き出したい」「ことばを使って、論理的思考力を高めたい」といった、ことばに関する課題別のグループから、教科ごとのグループとした。また、これまでの研究の結果を「分かる授業がことばを引き出す」として、本校の指導の基礎を「実態把握」「教育環境」「動機付け」「手だて」の４つに集約して、「４つのベース」として整えた（図14）。全ての授業で「４つのベース」を取り入れることとして、研究授業の際には、チェックシートを用いて、自己診断を行うようにした。この「４つのベース」は、自立活動に位置付けられるものであり、授業における支援や配慮、工夫の部分であるため、授業はこの「４つのベース」さえ整っていればよいわけではなく、「４つのベース」そのものが授業の目標になるものではない。美術の授業の目標はあくまで美術の教科としての目標が立てられるべきで、「手順書どおりに作業ができる」といった目標ばかりが立てられるのはふさわしいとは言えない。そこで、教科指導の充実を図るため、サブテーマを「教科指導を通して育てる思考力・判断力・表現力」とした。思考力・判断力・表現力のキーワードを取り入れたのは、新学習指導要領を意識したためである。知的障害特別支援学校でも４つのベースをもとに、教科指導の中で思考力・判断力・表現力を伸ばすことに挑戦を行い、思考させる授業づくりを目指した。それを実現させるのに取り入れたのが「デザインメモ」であり、「指導案」「チェックシート」「実態表」「オーダーシート」とともにセットで準備を行い、研究授業の準備のためのパッケージツールとして整えた。

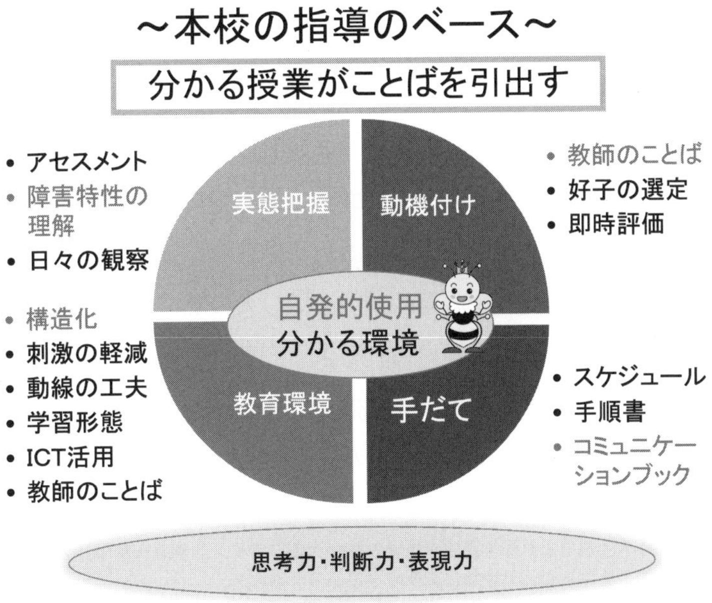

図14　「４つのベース」

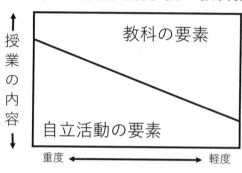

図15 教科と自立活動

(5) 知的障害特別支援学校における主体的・対話的で深い学びとは

　2017（平成29）年度は、これまでの研究の集大成として、知的障害特別支援学校の教科指導においては、知的障害の比較的軽い児童・生徒の授業では、教科の要素が多くなったとしても、「4つのベース」としてまとめた自立活動の要素が全くない教科指導はなく、障害が重度の児童・生徒の授業では、「自立活動の要素が多くなったとしても、教科の要素が全くない教科指導はない、という視点で授業をデザインすることが知的障害特別支援学校の授業の在り方である」ということを提案し、サブテーマを「知的障害特別支援学校における主体的・対話的で深い学びとは」とした（図15）。4つのベースは自立活動の要素であり、授業における支援や配慮であるため、それ自体は目標ではなく、教科の目標を授業研究の目標と位置付けた。授業のまとめの場面では、単にできた・できなかったではなく、なぜそう思ったのかの理由を児童・生徒に述べさせるなど、言語技術教育の視点を取り入れて、対話的なやり取りをとおして学習の定着を図ることを意識した取組が見られるようになってきた。また、理科では、ワークシートを工夫して、実験の結果とその理由を筋道立てて発表できるようにするなど、教科としての知識の積み重ねを意識した授業が多くなった。

【注】
　トークンエコノミー：事前に本人と決めた目標や課題が達成されたときにポイントやシールなどを渡し、たまったポイントやシールなどを好きな活動や物に交換できるシステム。

Column 1

職員会議から〜「実践報告会」〜

　本校では、職員会議が月1回開催されている。会議の最後の5分間を使って一つの学部実践について報告をしている。会議時間をスリム化して年間で計画を立てているため、学部間での連携を短時間で行うには、改めて会議設定を改めてするのではなく、教員が一同に会する職員会議後を活用するのが効果的である。他学部の研究授業を観る以外にはほとんど知ることができない日々の実践内容や実践報告から各教員が自分の指導に役立てられるヒントになるように考えられたものである。

　この「実践報告会」は、学校経営計画に沿った形で学部ごとに大切にしている指導内容や工夫した教材、児童生徒の変容について、実践の根拠となる理論とその効果に焦点を合わせて報告をしている。報告の仕方は、パワーポイントやビデオを使用して、授業の紹介、ねらい、方法、児童生徒の活動の様子を説明している。報告者は基本的に学部主任が実施している。また、人材育成の観点から、学部主任が日々の授業観察から実践報告会に出したい授業をピックアップして、授業者と連携をしながら実践報告内容を作り、学部主任に代わって報告をする機会としても活用している。

　2017（平成29）年度に実施した報告内容は、6月「小学部：社会性の学習」、7月「中学部：自分でできる身だしなみ指導について」、8月「高等部：作業学習事務班のリーダー制の取組み」、9月「小学部：移動教室に向けての事前学習」、10月「中学部：数学における言語技術教育」、11月「高等部：高1校内実習と進路指導について」、12月「小学部：日常生活の指導」、1月「中学部：自律調整学習者への道」、2月「高等部：企業と作業学習の連携と生徒の変容」のようになっている。実践報告が終わると、発表した学部主任や教員へ、他学部の先生から声を掛けられ、感想やどのように自分の実践に活かすか相談をする等、相互的な交流が生まれている。

（田島　昭美）

Column 2

教材教具発表会

　本校は年に2～3回、教材教具発表会を行っている。これは授業をもっている教員全員が1回の教材教具発表会で自作の教材を一つ発表するものである。発表形式は、作成した教材紹介シートとともに展示をする展示方式である。教材紹介シートには、教材を使用する教科名、教材名、使用している児

「いいねシール」

童・生徒や学習集団の実態を表す意味での太田ステージと「J☆sKep」の点数、その教材の写真と作り方、使用方法が書かれている。教員は150名ほどいるので、1回の教材教具発表会で150ほどの教材教具が展示されることになる。発表する教材の教科に制限はなく、自分が担当している授業で使用している教材を発表している。

　既に同様の取り組みを行っている学校もあるかもしれないが、本校ではそこにひと工夫している。教材紹介シートに欄を設けて、「いいねシール」と称したシールを3枚配り、発表された教材でこれはと思う教材や使ってみたい教材に投票をしてもらうのである。たくさん票を得た教材は、公開研究会で改めて展示をして、来校者に紹介をしたり、年間を通じた得票数の上位者は年度末の職員会議で発表を行ったりしている。

　始めたきっかけは、見る側にもシールを貼るというミッションを加えることで、発表会に主体的に参加してもらうことと、教材をよく見てもらうためである。数あるものの中から3つ選ぶためには、他のものと比較して、自分なりの観点や価値観をもとにしないと選べない。実際に選ぼうとすると、自分の中であれでもない、これでもないと葛藤をするものである。なるほどと思って取り入れてみたり、これは自分の考えとちょっと違うと思ったりすれば、この取り組みは成功と言える。また、褒められて嫌な思いをする人はいないであろう。たくさん得票した人を発表することで、教員のモチベーションアップにもつながる。

　貴校でも取り入れてみてはいかが？

（土田　委弘）

第3章

知的障害特別支援学校における「主体的・対話的で深い学び」とは

I 知的障害特別支援学校における「主体的・対話的で深い学び」の実現に向けて

「主体的・対話的で深い学び」とは、2017（平成29）年（小学部・中学部）、2018（平成30）年（高等部）に告示された学習指導要領において示された授業改善の方策である。今回の学習指導要領改訂で目指しているのは、特別支援学校も含め、どの学校種も、予測困難なこれからの社会を子ども達が生き抜いていくための能力・資質の獲得である。そのためには、基礎的・基本的な「知識及び技能」の習得、「思考力・判断力・表現力」の育成、「学びに向かう力、豊かな人間性等」の涵養が求められると明記されている。知的障害教育においても教科学習等を充実させ、基礎的・基本的な知識・技能を身に付けるとともに、その知識・技能を使って思考し、判断し、表現する力を培っていく使命がある。通常の学校と同じように考えるのは、無理だと思われるかもしれないが、実は特別なことではない。子ども達が主体的・自発的に活動するときには、一生懸命考えたり判断したりしている姿を見ることができるからだ。何かを獲得させたいとき、未熟な機能は自発的に使うことで伸びていく。障害が重くても、少なくとも自発的な活動のある授業が必要なのだ。そのためには一人一人の子どもに応じた「自立活動」が充実した「分かる授業」が不可欠となる。自発的な活動のある授業ができるようになれば、子ども達に考えたり判断したり表現したりする活動を授業の中に意図的に織り込んでいけば良い。主体的な活動も可能となり、思考力・判断力・表現力を効果的に高められるだろう。

1 自立活動の基盤のある教科指導のために

「自立活動」が充実した「分かる授業」のためには、教科指導等を行う際にも、その基盤に自立活動がしっかりと根付いている必要がある。主体的・自発的な活動に導くための一人一人に応じた自立活動を「分かる授業の4つのベース」として、以下のカテゴリーに整理した。

　①実態把握：障害特性の理解、アセスメント、日々の観察等
　②教育環境の整備：構造化、学習形態、ICT活用、言語理解に配慮した教師のことば等
　③手だて：スケジュール、手順書、コミュニケーションブック等
　④動機付け：好子の選定、即時評価等

2 知的障害特別支援学校における主体的・対話的で深い学び

主体性は、障害の有無にかかわらず、自信のあるとき、見通しのもてるときに発揮すること

ができる。特別支援学校に入学する子どもたちは失敗経験を重ねている場合が多く、時間をかけて成功体験を積ませ、自尊感情をもてるように導く必要がある。「分かる授業」が積み重なることで、自らの学習活動を振り返って意味付けをしたり、得られた知識・技能をもとに次なる疑問がわいたりして、学びへの内発的動機が形成されることが大切だと考えている。

　対話的であることについては、コミュニケーション指導を大切にしてきているので、音声言語による表出が不十分な子どもでも、絵カードやICT機器等の手だてを利用して、自分の考えや判断したことを表出できる。音声言語でやりとりができる子どもであれば、ワークシート等の手だてを使いながら、根拠を基にした意見交換も可能である。また、障害の重い子どもにとっては、対峙している物や教師との十分な関わりが対話につながっていくと考えている。

　何をもって「深い学び」とするかは、個々の障害の状況によっても異なると思うが、短い視点では、主体的・自発的な活動の中で、得た知識・技能をもとに子どもが考え、判断し表現する活動場面があれば、深く学んでいると判断してもよいと考える。長い視点では、各教科等の見方・考え方を働かせて課題解決する過程の中でその教科の目指す資質・能力を獲得できているか、獲得できた力を生活の中に般化できているか、次の学びへの内発的動機につながっているか等が授業改善のポイントになると考えている。

❸ 社会資源との連携でさらに充実する双方の学び合い

　日々の授業が充実し、子どもたちが落ち着いて学ぶことができていたので、様々な社会資源と連携して授業を構成できるようになった。東京文化会館・アーツカウンシル東京、カーザ・ダ・ムジカ（ポルトガルから来日）、東京藝術大学、武蔵野美術大学、多摩図書館、早稲田大学演劇博物館、八王子拓真高等学校、八王子桑志高等学校、拓殖大学レスリング部、FC東京、出羽海部屋、台町3丁目町会、台町老人会、JFEサービス（株）、いなげや（株）等、多くのみなさんが協力してくださった。子どもたちは数多くの本物と出会い、双方が感動を共有することができた。こういった活動と並行して、様々な美術展、駅伝大会、マラソン大会、音楽コンクールに参加するようになり、さらには、自分たちの力を地域に役立てたいと、お手紙配信（小学部）、公園清掃（全学年）、雪かき（高等部）等の活動をしてボランティアマインドを育成することができた。子どもたちの社会資源と連携した活動は、そのまま、関わった人への障害児の理解啓発にもなった。社会に開かれた教育課程の実施によって、「深い学び」はより一層充実できたと考えている。

Ⅱ 自立活動のベースの上に成り立つ教科学習

1 分かる授業のための4つのベース

　本校では、これまでの研究活動をとおして、アセスメントに基づいた根拠のある指導内容の検討や学習活動に必要な学習環境や手だてについて整理を進めてきた。自立活動を充実させることにより「分かって動く」から「考えて動く」が実現し、障害の軽重にかかわらず、主体的・自発的な活動が可能になっている。児童・生徒の主体的・自発的な活動からは「思考し、判断し、表現する姿」が見られるようになった。

　図1は、本校の全校研究の結果から導き出された「分かる授業」のためのベースであり、このベースが本校の自立活動にあたる。「実態把握」「学習環境」「動機付け」「手だて」の4項目から成り、教師が児童・生徒に分かる授業を実施するためには、実態把握によって、児童・生徒のできること・できないことを見極めて、適切な課題を設定する。その上で、一人一人の児童・生徒に合った手だてや学習環境を整えて、自発的に学び続けたいと思える動機付けを用意する。この4つのベースを整えることで児童・生徒の主体性を伸ばすことができる。

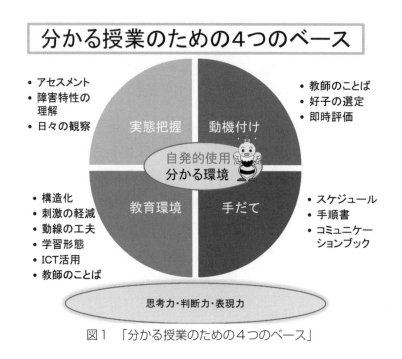

図1　「分かる授業のための4つのベース」

❷ 自立活動のベースの上に成り立つ教科学習

　知的障害特別支援学校において、教科指導を進めていくためには、児童・生徒が教科学習の中で考えさせたい思考を働かせられるように、学習の見通しとねらった思考に絞らせるための自立活動の要素が必要である（図２）。なぜなら、教科の学習内容に踏み込んでいくためには、学習の仕方や学習の見通し、発表の仕方、学習に対する動機付けなどが必要になるからである。本校では、教科に絞った思考を働かせられるように自立活動の要素を４つのベースとしてまとめて、「４つのベースチェック表」（次頁表１）等を使って、授業の基礎としている。このような自立活動を土台とした教科学習を知的障害特別支援学校における教科学習のスタイルと考えている。

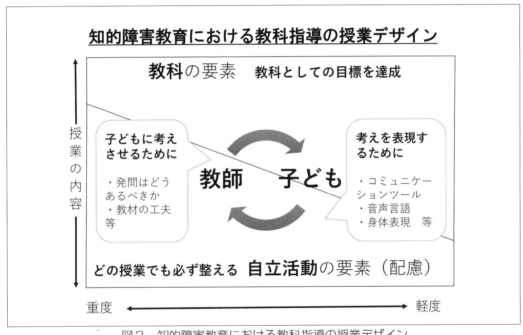

図２　知的障害教育における教科指導の授業デザイン

❸ 分かる授業のための４つのベースの具体的内容

（１）実態把握

　実態把握は、障害特性の理解や日々の行動観察に加えて、検査等のアセスメントを行う。本校では全学部共有のアセスメントとして、「言語機能アセスメント」と「J☆sKep」を実施している。

表1 「4つのベースチェック表」

分かる授業のための4つのベースチェック表		
J☆skep3点以下は、すべてにチェックがつくことが必要です		
J☆skep3点以上は、授業によっては網かけ部分のチェックはつかない場合があります。		

	事前チェック	項目
実態把握	☐	J☆skepを取った
	☐	言語機能アセスメントを取った
	☐	行動観察を行った
教育環境	☐	一目でわかるような動線、位置等の構造化を行った
	☐	視覚的な情報を用意した(絵、写真、カード等)
	☐	ことばの量、音量に配慮する
	☐	聴覚的把持力に見合った言葉の使い方に気をつける
	☐	J☆skepの点数に見合った学習形態を準備した(3点以下は静態的、3点以上は流動的)
	☐	黒板を整理し、刺激を低減し、注目しやすいように準備した
	☐	左から右、上から下のように情報を整理した
	☐	流れを構造化した(ルーティン)
	☐	センソリースペースを準備した
動機付け	☐	興味関心、好子を把握した
	☐	即時評価を行う
	☐	好子を評価に活用する
手立て	☐	個別のスケジュール、手順書を用意した
	☐	本時のスケジュールを用意した
	☐	個に応じたコミュニケーションの手立てを用意した
	☐	リマインダーを準備した

① 「言語機能アセスメント」

「言語機能アセスメント」は、児童・生徒の言語機能の具体的な状態を明らかにして、指導に結び付けていくためのアセスメントとして活用している。言語機能は発話や理解等に分けてアセスメントを行うことで、どのような機能がどのように遅滞しているかを明確にすることができる。言語指示が分からない経験を多く積んでしまうと児童・生徒は教師の指示に注意を向け

なくなるため、児童・生徒の言葉の力に合わせた手だてや配慮を行うことは、分かる授業には必須であり、自発的に学ぶためにも必要である。児童・生徒は現在もっている「ことば」の力を最大限使用しているので、例えば、構音の明瞭さが「不明瞭」や「一部不明瞭」であれば、口内の外科的要因のために言語の音を作れないのか、口唇や舌を滑らかに動かすことが難しいのか等の分析を行い、不明瞭でも現在発声している言語の音を多く使えるようにする。その際、過度の言い直しや修正は児童・生徒が自発的に発声することへの動機付けを損なわせるために行わないようにする。口唇や舌の動きが滑らかでなければ、口の体操を授業に取り入れて継続的に行っていくことが有効である。言葉をコミュニケーション手段として用いることがある程度可能な状態であっても発話の運用が「不適切」な場合は、活動や相手に応じて言葉を使う必然性のある場面を設定したり、言葉の型をカードやメモで示したりなどの工夫を行っていく。復唱の長さや聴覚的把持力が短い児童・生徒は、耳から聞いた言葉を記憶することが苦手なため、児童・生徒が聞き取れる文の長さ（例、単語、2語文等）で指示を出したり、カード等の視覚情報を合わせて提示したりすることが必要である。特に、聴覚的把持力は、理解できる文の長さと関係するので、検査しておくのが望ましい（検査の方法はP113参照）。

「言語機能アセスメント」は、8項目すべてを試行し、児童・生徒の言語機能について多面的な見立てをする（表2）。これらの項目は音声言語を理解・表出する際に使う脳機能に基づいて考案されている。発達期にある子どもは下段の「言語理解」がなされて「発話」に至るため、「言語理解」の項目を丁寧に育てる必要があり、教師は「言語理解」のアセスメントに基

表2 「言語機能アセスメント」の8項目

	項目	評価					
発語	① 構音の明瞭さ	不能	不明瞭		一部不明瞭		明瞭
	② 流暢性	なし	非流暢		一部非流暢		流暢
	③ 自発語の長さ	発声なし	単音	単語	2語文	3語文	4語文以上
	④ 自発語の内容	発声なし	喃語	意味不明	一部意味不明		有意味
	⑤ 発語の運用	なし	乏しい		不適切		適切
復唱	⑥ 復唱の長さ	不能	単音	単語	2語文	3語文	4語文以上
言語理解	⑦ 聴覚把持力	不能	1ユニット	2ユニット	3ユニット	4ユニット	5ユニット
	⑧ 理解水準	不能	単語		動作語	性質語	関係語

（坂爪一幸（2008）『早稲田教育叢書 特別支援教育に活かせる発達障害のアセスメントとケーススタディ』学文社より作成）

づき、必要な配慮をする。

②「J☆sKep」

「J☆sKep」では、児童・生徒が主体的に学習に取り組むための土台がどれだけ整っているかを把握する。

「J☆sKep」の指導内容は、「学習態勢」「指示理解」「セルフマネージメント」「強化システムの理解」「表出性のコミュニケーション」「模倣」「注視物の選択」である（「J☆sKep」の7つのキーポイント：表3）。これらの指導内容は自閉症以外の児童・生徒にとっても必要な学ぶ力である。この結果から、児童・生徒に最適な学習形態や学習環境を設定していくことができる。日々の教育活動を通じて、児童・生徒がどれだけ情報を見分けることができるか、児童・生徒がどのような情報を知っていると安心できるか、などの把握に努めている。

③アセスメント

図3は、小学部・中学部・高等部の「言語機能アセスメント」と「J☆sKep」との相関図である。

義務教育段階では言語機能の未熟な児童・生徒が多く、言語理解のための配慮が必要であることが分かる。同時に「J☆sKep」の平均点が3点未満の児童・生徒が多く、個別課題学習や小集団での学習が適していることが分かる。高等部になると、言語機能が成熟し、「J☆sKep」も3点以上の生徒が多くなるため、集団での一斉指導が可能になる。同時に3点未満の生徒もいるので、高等部においても生徒によっては個別課題学習の設定が必要になる。このようにアセスメントをすることで、児童・生徒に必要な支援が明確になる。

さらに本校には、教師の専門性向上のため、東京都外部専門家連携事業として、言語聴覚士

表3 「J☆sKep」の7つのキーポイント

① 学習態勢	自ら学習する態勢になる力
② 指示理解	自ら指示に応じる、指示を理解できる力
③ セルフマネージメント	自ら自己を管理する、調整する力
④ 強化システムの理解	自ら楽しいことや嬉しいことを期待して活動に向かう力
⑤ 表出性のコミュニケーション	自ら何かを伝えようとする意欲と個に応じた形態を用いて表出する力
⑥ 模倣	自ら模倣して、気づいたり学んだりする力
⑦ 注視物の選択	自ら課題解決のために注視すべき刺激に注目できる力

（たすく（2018）『たすくの療育7』～J☆sKepアプローチより作成）

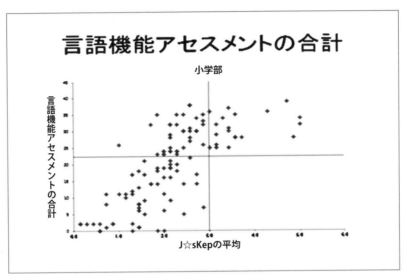
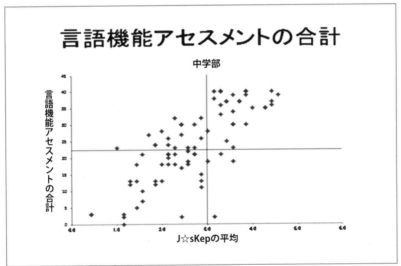
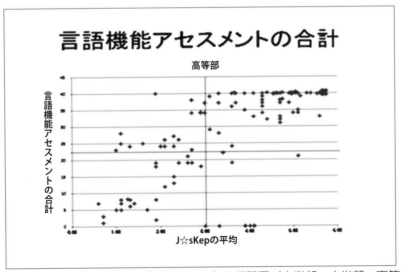

図3 「言語アセスメント」と「J☆sKep」の相関図(小学部・中学部・高等部)

や作業療法士、学識経験者等が年間約1,500時間配置されている。体幹を安定させ、ボディイメージの形成や運動コントロール等の体の取り組みなど教師の知識では不十分な専門的な視点からアセスメントをしていただき、児童・生徒の実態把握に役立てている。教師は外部専門家によるアセスメントに同席し、カンファレンスを受けることで一人一人の児童・生徒の発達段階や行動上の問題に合わせた手だてができるようになっている。

（2）学習環境と教室や授業の構造化

教育環境には、構造化、動線の工夫、学習形態、教師のことば、刺激の軽減、ICTの活用等が挙げられる。教師が児童・生徒に分かる授業を実施するためには、児童・生徒に考えさせたい課題に集中できるように様々な工夫が必要となる。

①構造化

児童・生徒が自発的に思考するためには、まず教師の働きかけや情報提示を知覚しなければならない。児童・生徒が情報を知覚しやすいように構造化や刺激の軽減によって、児童・生徒が教師の提示した視覚情報や聴覚的指示に自発的に注目できるようにする。

構造化は、「予測可能」で「混乱の少ない」環境を視覚的な手がかりを使って、適切な情報に焦点をあてるのを助けてくれる。構造化の技法には、ア）物理的構造化、イ）時間の構造化、ウ）活動の構造化がある。

ア）物理的構造化

物理的構造化は、活動する内容と活動する場所を対応させていくことである。「どこで」「何を」すればよいのかが分かり、取り組む課題に注目できるように、机や物の配置を工夫する、空間を仕切る、様々な情報を減らし必要なものだけ設置する等により、教室環境を整えていく。活動と場所を対応させたいが場所がない場合、活動によって移動できる物の位置を変えるなどの工夫等を行う。

イ）時間の構造化

時間の構造化は学習する内容を視覚的に示していくことである。今の時間に何をするのか、次に何をするのか、1日や1週間という期間で何をするのか等を視覚的に示していく。どのような情報をどのように示すのかは児童・生徒が理解しやすい情報を選んで示していく。時間割など大まかなスケジュールを教室に掲示するだけでは児童・生徒一人一人に異なる活動を示すことが難しいので、個別化したスケジュール（個人のスケジュール帳）を用意すると、生活や学習に見通しがもてるようになり、主体的な活動を促すことができる。時間は抽象的な概念であり獲得が難しいので、時間を視覚的（量的）に表すタイムタイマーやキッチンタイマー、砂時計を利用して、分かりやすさに努める。

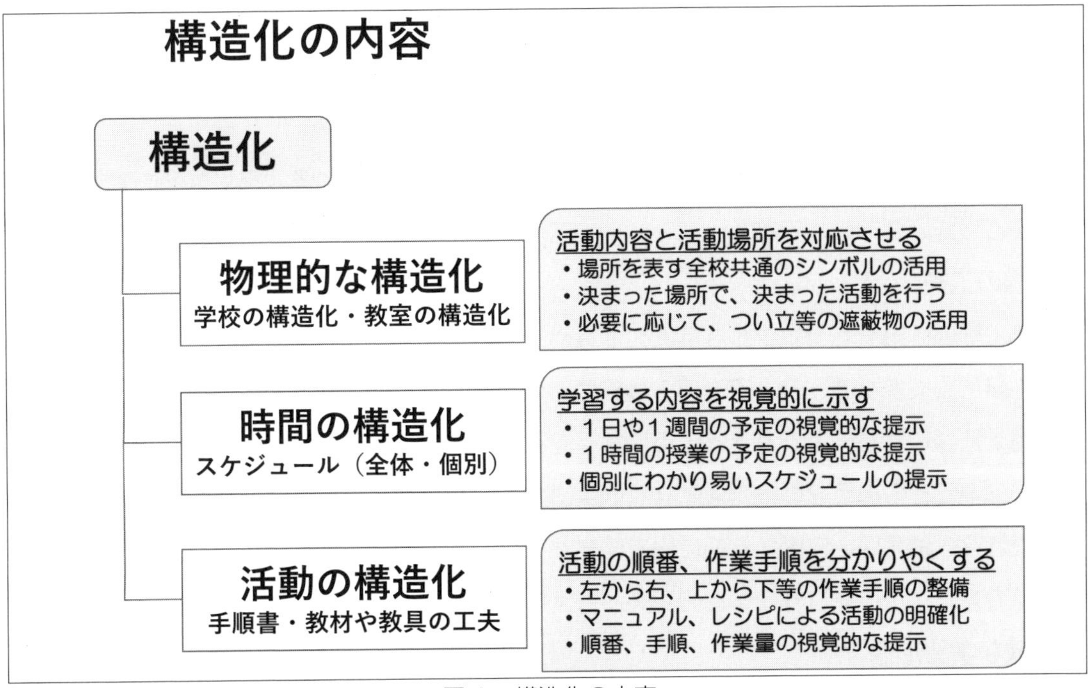

第3章　知的障害特別支援学校における「主体的・対話的で深い学び」とは

構造化の内容

構造化

- **物理的な構造化**
  学校の構造化・教室の構造化

  活動内容と活動場所を対応させる
  ・場所を表す全校共通のシンボルの活用
  ・決まった場所で、決まった活動を行う
  ・必要に応じて、つい立等の遮蔽物の活用

- **時間の構造化**
  スケジュール（全体・個別）

  学習する内容を視覚的に示す
  ・1日や1週間の予定の視覚的な提示
  ・1時間の授業の予定の視覚的な提示
  ・個別にわかり易いスケジュールの提示

- **活動の構造化**
  手順書・教材や教具の工夫

  活動の順番、作業手順を分かりやすくする
  ・左から右、上から下等の作業手順の整備
  ・マニュアル、レシピによる活動の明確化
  ・順番、手順、作業量の視覚的な提示

図4　構造化の内容

ウ) 活動の構造化

　活動の構造化は活動する順番や作業の手順を分かりやすく示すことである。課題の内容や量を視覚的に提示する学習の仕組み（ワークシステム）や個々の課題の具体的なやり方を視覚的に提示する手順書（マニュアル）や教材・教具の工夫等があるが、いずれも児童・生徒一人一人の理解に合わせて作られる。活動を視覚的に示すことで児童・生徒がこれから取り組む課題はどのようなやり方や手順で行われるのか、どうなると終わりになるか、終わったらどうするか、を「同じやり方で」「同じルールで」「左から右、上から下など決まった流れで」という一定のシステムにして伝えていく。

　教材・教具の工夫の一つとしてICT機器は効果的に活用することで、児童・生徒の注目を促し、その後の思考・判断につなげていくことができる。授業にパワーポイントやDVDを用いることで児童・生徒の理解が進んだり、「コミュニケーションブック」や「スケジュールブック」もタブレットPCを活用するこ

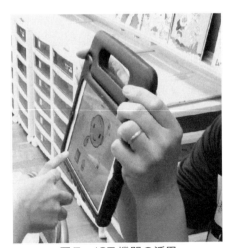

図5　ICT機器の活用

とにより、多くの情報を手軽に携帯することができるのでICT教材は積極的に活用したい（図5）。

　構造化の技法は様々だが、構造化することが目的ではない。構造化することによって、児童・生徒が見通しをもって学習に取り組み、主体的な活動が促されるようになるので教育環境の基礎として必要な事項である。

②動線の工夫

　活動の動線は短くてシンプルなほど分かりやすい。小学部1年生でも着替える場所とロッカーの距離を短くすれば、一人で一連の身支度をやりきることができるようになる。成長に応じて距離を延ばしても一人でできるようになってくるが、学習活動を展開するにあたっては、その授業の中でどのような動線で活動すればよいかを分かりやすく示すことで学習本来の目標に集中できる。例えば、自席から前に出て発表する際に立ち位置を示したり、次の行動に移る際に矢印で方向を示したりするなどの工夫が考えられる。

③柔軟な学習形態

　授業のねらいに合わせた学習集団を柔軟に編成する。特に、認知の学習では児童・生徒間の実態差が大きいため、習熟度や障害の特性に応じて学習集団を編成することで、学習課題が設定しやすくなり、児童・生徒に思考させる授業を展開することができる。「J☆sKep」を活用し、平均点が3点未満の場合には学習の習得に個人別の課題学習が必要になる。集団学習においても小集団が望ましい。学習展開は、パターン化しながら繰り返し課題に取り組むような静態的な学習環境を設定することが効果的である。平均点3点以上の場合には、集団での学習で習得できる。学習展開は変化に富んだ流動的な学習環境を設定することで、児童・生徒の実態に応じた思考に迫ることが可能になる。

④教師のことば

　教師のことばは教育環境にとって重要な要素である。教師は障害の軽重にかかわらず、児童・生徒が理解できる「ことば」で授業を行う。音声言語は発せられると消失してしまうので、視覚的な補助（文字、図、絵、写真など）を使うと、児童・生徒が教師の指示を理解して見通しをもって自発的に動けるようになる。授業の中で、教師が環境として適切に機能しているかを見直し、授業改善を行うことで、より児童・生徒が活動を理解し、自発的に動くことができるようになる。

⑤刺激の軽減

　教室環境の工夫として、児童・生徒にとって必要ない情報、児童・生徒が読むことができない文字情報は、黒板やホワイトボードから離すようにしている。児童・生徒の個人のスケジュ

第3章　知的障害特別支援学校における「主体的・対話的で深い学び」とは

構造化に決まった形はない。児童・生徒の理解に応じて、見て理解できるように工夫を行う。教室が狭い場合は、机や椅子の位置を変えることでもよい。下図の場合は椅子を持って黒板の前に集まることで全体学習であることが分かる。

全体学習スペース

個別学習スペース

小学部第1学年の教室の例。この教室では、個別課題学習をする際には、児童が教室の右側にあるキャスター付きの白い個人別の教材棚をそれぞれの机の右に運んできてから始める。個人別の教材棚には上から順に課題が入っている。

ール帳とは別に、教室で掲示する一日の予定ボードは注目しやすいように独立させて掲示している。枠に色を付けることで見やすくする工夫をしている（図6）。

また、手順表やスケジュール帳は自分で確認して行動に移せるように机な棚の見えるところに置いている。

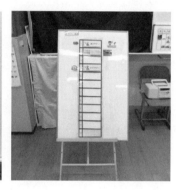

図6　教室環境の工夫

⑥授業展開の構造化

　いくつかの活動の組み合わせ（ユニット）で授業を構成すると、児童・生徒は学習の見通しがもちやすくなり、授業に安心して参加できるようになる。小学部の国語・算数の授業では、一つのユニット時間を3〜15分に設定して、「見る」「聞く」「模倣する」「書く」「計算する」等の活動に取り組んでいる。

ア）ユニットの具体例

　　　小学部…「視覚教材」「役割交代遊び」「パネルシアター」「動作模倣」「手遊び」
　　　　　　　「やりとり課題」など

　　　中学部…「音読」「漢字」「計算」「作図」など

イ）ユニットの展開例

小学部「国語・算数」　　　　　　　　　　　中学部「国語・数学」

小学部「国語・算数」	中学部「国語・数学」
①挨拶	①挨拶
②視覚教材　10分	②計算　10分
③手遊び　10分	③音読　15分
④動作模倣　10分	④ワークシート　20分
⑤パネルシアターをとおしたやりとり　15分	⑤発表　5分

（3）手だて

　児童・生徒が自発的に授業に参加して思考し、思考したことを表現するためには、学習活動や作業に見通しをもつためのスケジュールや手順書、自ら思考・判断したことを表現するための「コミュニケーションブック」を用意することが必要である。本校小学部に在籍する児童全員に「コミュニケーションブック」と個別のスケジュール帳が用意されており、学校生活の様々な場面で活用されている。

①「コミュニケーションブック」（図7）

　カード交換式の「コミュニケーションブック」の利点は、すぐに役に立つ機能的なコミュニケーションを教え

図7　「コミュニケーションブック」

ることができること、「ことば」の力や年齢に関係なく使うことができることにある。新しい言葉を獲得するときに「コミュニケーションブック」があると、「コミュニケーションブック」を使いながら、新しい言葉の概念や使い方を児童・生徒が理解しやすくなる。言葉を忘れそうなとき、リマインダーとして「コミュニケーションブック」があることで、言葉を思い出したり、分からないという不安が減ったりして、安心してコミュニケーションをとることができる。実際の授業では、発語がなかったり発声が苦手だったりする児童・生徒が教師の問いに「コミュニケーションブック」を使用して応えたり、自発語が1～2語文の児童・生徒が3語文以上の文構成をして応えたりすることができるようになる。

　中学部以上では、自発語が4語文以上の生徒に、答え方の「型」を視覚的に用意することで、問いに対する考え方や答え方が分かり、授業で必要な思考・判断を働かせることができるようになった。一人称を主語にした文章を構成したり意見や感想を発表したりする、主張→理由→まとめの文章構成で整った文で説明したり書いたりする、5W1Hを意識した作文や発表

・視覚的ツールで操作して、要求、報告、説明等の「型」を習得する
・視覚的ツールをリマインダーとして活用しながら、「型」を習得する
・要求、報告、説明等の「型」を繰り返し活用する中で習得する
・相手が変わっても、習得した「型」を活用して思考・判断・表現する
・課題が変わっても、習得した「型」を活用して思考・判断・表現する
・場面が変わっても、習得した「型」を活用して思考・判断・表現する

図8　表現や思考の「型」の習得と応用

をする、説明の原則に沿って場面を分析して相手に伝える、などの活動の際に有効な手だてとなった。

② 「スケジュール帳・手順書」

児童・生徒が学習活動に見通しをもてるようになるために、スケジュール帳や手順書は有効である。学習に見通しをもつことは、授業に参加する児童・生徒がこの授業で何を学ぶのか、どう学ぶのかを知ることであり、学習の見通しがあるから、児童・生徒は安心して授業に参加することができる。また、どのくらい学習活動の見通しをもてるかは児童・生徒の実態によって異なるため、スケジュール帳や手順書があることで、次に何をするかを忘れてしまったときに学習活動を思い出すためのリマインダーとしても活用することができる。学校生活においては、スケジュール帳は知的障害の軽重にかかわらず児童・生徒には必須のアイテムである。本校では全学部でスケジュール帳の指導に取り組んでいる。

スケジュール帳の指導にあたっては、スケジュール帳上のカードが予定を表していることを理解できるように、すでにルーティンとして確立している活動や動作に

スケジュール帳で活動の確認

一人一人異なるスケジュール

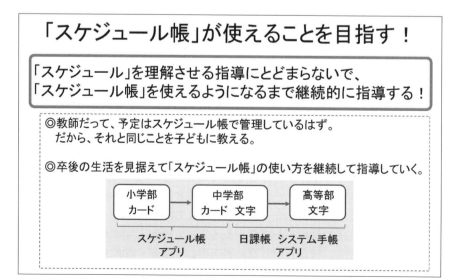
図10　スケジュール帳の指導

カードをマッチングさせるようにすると理解しやすくなる。スケジュール帳を導入する際は、一つのシートに「３つの活動＋ご褒美」（図11）から始めると見通しをもて、活動に取り組みやすくなる。

【スケジュール導入時のシート例】
①マッチング
②とけい　　　｝活動
③プリント
④電車カード………ご褒美

楽しみや区切りを期待することができれば、自分からスケジュールを確認しようとする。

図11　３つの活動とご褒美

①〜③の学習を終えると、自分で選んだ④の活動ができる。ご褒美についても数種類の好きな活動から本人に選ばせる。

（４）動機付け

児童・生徒が自発的に学習に取り組んでいくためには、児童・生徒自ら学習への意欲を高められるようにしていくことが大切である。学習活動を計画していくにあたっては、児童・生徒の報酬の意味を理解できるように意図的に設定していくことが必要である。

本校では、報酬や動機付けへの取り組みとして、強化子の選定、即時評価、教師のことばなどに工夫を行っている。強化子の選定では、児童・生徒の好きなもの、好きな活動、好きな感覚などを強化子アセスメントによって教師が把握する。小学部低学年などの導入時の指導では、活動後すぐに報酬が得られることで自ら楽しいことや嬉しいことを期待して活動に向かえるように指導していく。ここで大切なことは、強化子は教師が決めるのではなく、児童・生徒が自ら選択することである。「選ぶ」機会があることが意欲を引き出すことにつながっていく。また、「J☆sKep」での「強化システム」の得点が高い児童・生徒には、強化子をコミュニケーションの要求手段を学ぶ機会に利用したり、スケジュール帳に組み込んで動機付けを高めたりすることで、児童・生徒が自発的に活動できるように工夫している。

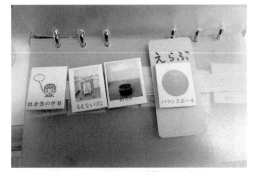

図12　４番目の活動は強化子
この子どもはバランスボールを選んだ

児童は「ほうき」「ぞうきん」「やすむ」から2枚選ぶ。掃除の嫌いな児童も1枚は「やすむ」を選ぶが、掃除の種類を自分で選ぶことで活動ができる。活動をするとトークンがもらえる。

　報酬の理解が進んできたら、トークンエコノミーシステムを取り入れて、すぐに報酬が得られなくても、先を見通して活動に向かえるように支援を行う。

〈トークンエコノミーシステムの活用例〉

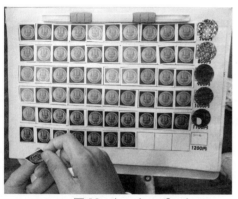
図13　トークンブック

・係活動を行った　→　「シール1枚」
・きちんとできた　→　「＋1枚」
・自分で工夫した　→　「＋1枚」
◎うまくできれば、シール3枚ゲット！
◎貯めたポイント数に合わせてご褒美と交換できるようにした。
◎一人一人にトークンブック（商品カタログ）を作成し、ポイントを貯める目的を視覚化して確認できるようにした。

子どもたちが集めたトークンの10円シールを1枚使うとお茶が飲める。さらに10円シールを1枚使うとコップの色が選べる。子どもたちはコップの色を選ぶことがとても嬉しい様子だった。

ものや活動による直接的な動機付けから他者に称賛されること、認められることを励みに学習や作業に取り組めるように、外発的動機付けから内発的動機付けへとつなげていく必要がある。一人一人の児童・生徒がどんな内容に動機付けをもっているのかを把握して、対応方法を個別化することも必要である。例としては表4のような方法が考えられる。

表4　児童・生徒の動機付けと対応方法

「早く終わらせたい」	・事前に作業量を提示する。 ・1回が短い作業を数回用意する。
「もっとうまくなりたい」 「上手に仕上げたい」	・スキルを指導して達成できるようにする。
「シールをためたい」 「マスを埋めたい」	・短い期間で評価する。
「もっと褒められたい」 「認められたい」 「注目してほしい」	・机間指導で定期的に評価する。

次頁より、本校での研究を踏まえ、知的障害教育における「主体的・対話的で深い学び」の実現に向けてグループ研究で実施した授業の実践例を紹介する。研究授業を行う際には、あらかじめ「4つのベースチェック表」（P54参照）にて自立活動のベースが整っていることを確認した上で実施している。次頁からの事例のように、全てのグループ研究は同一フォーマットでまとめられている。「主体的・対話的で深い学び」を実現するために、教師は意図的に児童・生徒が「思考力」「判断力」を使う場面を設定している。意図した場面については、4.本時の（2）本時の展開に、その設定部分を太枠で囲むようにした。また、「思考力を軸にした授業デザインメモ」を活用して本時における「思考力」を具体的にどのように捉え、どのように評価するかを（3）本授業における思考に記載した。使用教材とともに、授業改善の過程にも着目してほしい。

4つのベースを活かした実践事例①
小学部　社会性の学習

言語技術向上のための基礎指導
～質問に答えることをとおして～

1　対象と単元

（1）学習グループ

　　小学部2年　児童5名、教員2名

（2）単元名

　　「答えよう！」

（3）単元の目標

　　相手にされた質問に適切に答えることができる。

2　アセスメント

（1）観察

　行動観察の結果、本学級に在籍する児童は全員がスケジュールがあると授業に見通しをもつことのできる児童である。内容についても手本やまわりの友達の取り組む姿を参考にして大抵のことは上手にこなす力をもっている。

（2）検査

　「言語機能アセスメント」では、「聴覚的把持力」が2ユニットの児童が3名、3ユニットの児童が2名在籍していることが分かる。

　「J☆sKep」では、「強化システム」の項目が3～5の児童が3名いることが分かる。

　「注視物の選択」の項目で2の児童が3名いる。

3　アセスメントに基づく指導仮説

　「聴覚的把持力」が2ユニットの児童が3名、3ユニットの児童が2名在籍していることから、児童に伝える情報は端的で分かりやすいものにする必要があると考えられる。また、言葉のみで伝えるよりも絵カードや手順表などの視覚的支援があると、より有効である。

　「J☆sKep」では、「強化システム」の項目が3～5の児童が3名いることから、トークンを使った強化システムを導入することにした。トークンを導入することで授業に対する動機づけが期待できる。

「注視物の選択」の項目で2の児童が3名いることから、見るべきものを分かりやすく提示する必要がある。

4 本時

(1) 本時のねらい
写真や絵を手掛かりに教員の質問に答えることができる。

(2) 本時の展開

学習活動	指導の工夫
挨拶 本時の学習の確認	学習内容を確認するとともに、本時の目標を伝える。がんばりに応じてもらえるトークンの数が違うことを伝え、それぞれのモチベーションを高める。
「答えよう！」	自分の写っている写真を見せ、「何をしているのか」「どこなのか」「誰といるのか」などの質問をする。答える児童は「○○です」の形で答える。 　この活動を一人2セット繰り返す。
学習の振り返り 挨拶	それぞれの児童が今日どんなところを頑張ったか伝える。挨拶する。

(3) 本授業における思考

どうしたら本時の目標を達成できたとみなすのか？	提示された写真や絵の中から答えの手掛かりとなる部分に注目することができる。
本時の目標を達成するためにどのような思考・判断をさせるのか？	写真や絵を見て、教員からの質問に適切に答えることができる。

（4）使用した教材

トークン・トークンチップ

5　協議会をとおした評価と授業改善

（1）研究授業の評価

　研究授業を行った結果、当初の目標を達成することができなかった。その理由は、以下のとおりである。

- ・目標と評価の表示の仕方が、どうして「○」をもらったのかが分かりにくい。
- ・写真に写っている事柄に関しては答えられるようになったので、発問の発展性が必要。
- ・教員と正対していないので、目線を合わせることが難しい。

（2）研究授業の考察

　以上の結果に基づき、本授業の改善に向けた協議、及びその検証を行った。
　改善した点は、以下のとおりである。

- ・評価の表示を行うボードを別に設け、児童が評価を確認しやすくする。
- ・写真に写っている事柄については答えることができるようになってきているので、個々に応じて写真に写っていない発問や「気持ち」等の理由を聞く発問を設定・計画する。

- 評価の一つの項目である「姿勢」については、実態に応じて教員と正対することにはこだわらず「良い姿勢」であることを基準とする。

（3）改善授業の評価と考察

　改善授業を行った結果、当初の目的を達成することができた。その理由は、以下のとおりである。
- 一人ひとり目標を達成できたか、教員が主として評価していたのが適切であった。
- 提示する写真も実態に合わせシンプルにするなどしたことで、質問に対し適切な回答ができる児童が増えた。
- 改善前にはなかった「誰と一緒？」「前は？」「隣は？」等の写真にはない事柄について考える質問がよかった。児童は考え適切に回答できるようになってきた。

6　結果とまとめ

　日常会話内のやりとりや質問への返答が苦手な児童が、写真や絵に写っている事柄に関しては、教員からの質問に「○○です」と定型文で答えることができるようになった。また、質問の難易度を上げて、写真や絵の中に写っていない事柄についても自らの記憶やヒントを頼りに答えることができるようになった。

　以上のことから、答えようとする意欲を高めたり、どう答えたらいいかを分かりやすくしたりするためには、絵や写真を用いることが有効であったと考える。

　今後の課題は、写真や絵などの手掛かりがなくても、相手の質問に答えることや、2語文以上の定型文で答えることである。授業内で直前に取り組んだ活動についての質問に自らの記憶を頼りに答えることや、朝の会や帰りの会での出来事の振り返りをとおして取り組んでいきたい。

4つのベースを活かした実践事例②

高等部　理科

豆電球回路の実験の結果を論理的に表現する実践

1　対象と単元

（1）学習グループ

　　高等部3年Ⅱ類型3グループ　生徒16名、教員2名

（2）単元名

　　身の回りの物質と現象3「金属と高分子」

（3）単元の目標

　　身の回りのプラスチックや金属の種類と性質が分かる。

2　アセスメント

（1）観察

　行動観察の結果、発問に対する反応がよく、発言する生徒が多い。観察や実験にも意欲的である。しかし、言葉で表現する語彙力が乏しく、発問の意味を、正しくつかめないこともある。

（2）検査

　「言語機能アセスメント」では、①構音が明瞭12名、②流暢性が流暢9名であるが、③自発語の長さは単語〜3語文、④自発語の内容が一部意味不明7名、⑤発話の運用が不適切7名と半数近く、聴覚的把持力は2〜5ユニットである。「J☆sKep」では、平均値が2.1〜3.9である。

3　アセスメントに基づく指導仮説

　発問の意味を正しくとらえられるよう、ポイントがつかめるような発問をする。言葉で思考するための表現を指導し、それを使って思考できるようにしていく。

4 本時

(1) 本時のねらい

硬貨は電気を通しやすいか確かめることができる。

硬貨は電気を通しやすい性質をもつ金属でできていることが分かる。

(2) 本時の展開

学習活動	指導の工夫
挨拶 出席確認 本時の授業説明	スケジュールを提示する。
前時の復習	○映像で提示
グループで硬貨は電気を通しやすいか確かめる実験を行う。 結果から、硬貨が金属であるか考えてグループシートに記入し、グループで発表する。	乾電池、豆電球を使った回路の見本写真を示す。グループで話し合いながら、硬貨6枚を順番に確かめるようにする。 　一人1枚は操作して確かめられるようにする。 　豆電球に明かりがつかない場合は、接続等を確認し、明かりがつくようにする。
個人のワークシートの記入 次時の学習内容の確認 挨拶	黒板に、ワークシートと同じような形式でまとめを記入する。

(3) 本授業における思考

どうしたら本時の目標を達成できたとみなすのか？	・「豆電球がついたので硬貨は電気を通しやすい」「電気を通しやすいので、硬貨は金属でできている」と発言、記入できる。
本時の目標を達成するためにどのような思考・判断をさせるのか？	・硬貨は金属でできている。（推理） ・豆電球がついたので硬貨は電気を通す。（理由付け） ・硬貨は電気を通すので、金属でできている。（定義付け）

(4) 使用した教材

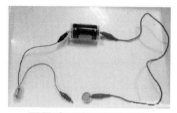
豆電球回路の実験器具

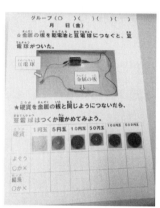
グループワークシート

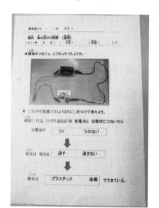
個人用ワークシート

5　協議会を通した評価と授業改善

(1) 研究授業の評価

　研究授業を行った結果、当初の目標を達成することができなかった。
　その理由は、以下のとおりである。

- 実験前の予想のときに理由も書けるようなワークシートにしたほうがよい。復習した知識をもとに推測し実験を行って検証し、「分かる」という思考ができたか分かる。
- 個人用ワークシートに、実験の結果と知識を結びつける言葉を示し、選択させた。矢印を使って思考の流れを示したが、生徒が言葉を使って考えることができるように、矢印ではなく接続詞等の言葉を入れたほうがよい。

(2) 研究授業の考察

　以上の結果に基づき、本授業の改善に向けた協議、及びその検証を行った。
　改善した点は、以下のとおりである。

- グループワークシートに予想した理由を書く欄を設け、知識を使って思考していくようにした。
- 個人用ワークシートに選択式ではなく穴うめ式で書くようにし、実験の結果から言葉を使って思考していくようにした。

(3) 改善授業の評価と考察

　ワークシートを使って改善授業を行った結果、当初の目的を達成することができた。

　その理由は、以下のとおりである。なお、実験済みの硬貨の代わりにアルミホイルを使用した。

- グループワークシートを使って、予想をたてると、○と×と半々に分かれた。その理由は、「アルミホイルは金属だから電気を通すから豆電球がつく」「アルミホイルは紙と同じだから豆電球はつかない」と考えたグループがあった。知識を使って理由づけの思考をすることができた。
- 実験の予想で×にしたグループでは、実験の結果から個人用ワークシートを使って、「豆電球がついたということは、アルミホイルは電気を通すことが分かる。だからアルミホイルは金属でできていると考えられる」と書くことができた生徒もいた。選択式でなくても定義付けの思考をすることができた。

6　本実践から分かったこと

　本研究では、学んだ知識をもとに実験の結果を推理し、実験を行い、結果を理由付け、定義付けする、という思考を導き出すことを目指した。まだ少数ではあるが、知識をもとに実験の結果から論理的に考え、言葉で説明することができた生徒がいた。今後も本実践のような組立で、学習した知識の定着と、その知識をもとにした思考を繰り返すことで、論理を言葉で表現する力、言葉で思考する力が高まると考えられる。

4つのベースを活かした実践事例③

小学部　国語

文字に関心をもって読むことができるための指導

1　対象と単元

（1）学習グループ

　　小学部4年　児童9名、教員3名

（2）単元名

　　文字を読んでみよう、探してみよう

（3）単元の目標

　　文字を読んだり、単語や絵のマッチングができたりする。

2　アセスメント

（1）観察

　行動観察の結果、自発語の長さは、単音から3語文まで。自発語はほとんどないが復唱できる児童が1名。復唱は難しく、音声のみで応答する児童が1名である。

（2）検査

　「言語機能アセスメント」では、③自発語の長さは単音3名、単語1名、2語文2名、3語文3名である。

　④自発語の内容では、喃語2名、意味不明2名、一部意味不明4名、有意味1名である。「J☆sKep」では、0.6～2.7の集団である。

3　アセスメントに基づく指導仮説

　「言語機能アセスメント」の【③自発語の長さ】【④自発語の内容】【⑦聴覚的把持力】の項目結果の中では、大きな差がみられるものの、言葉を正しく話すことに慣れることや、指示等に合わせた行動をとること、声を出すことで言葉を増やしていくことをねらいにおく。

4 本時

(1) 本時の目標
カードを見て同じ文字カードを選ぶことができる。
発表ボードを使って、発表することができる。

(2) 本時の展開

学習活動	指導の工夫
挨拶	始まりを意識できるよう言葉をかける。MTに注目しているかを見て、児童の実態に応じて個別に言葉をかけたり、身体の一部を補助したりする。
いろいろなもの	カードに注目できるよう見せ方を工夫する。カテゴリー別に分類して見せる。
文字をよんでみよう さがしてみよう	カテゴリー分けボードに貼る絵・写真、文字カードを用意し、児童がマッチングを自発的に取り組めるようにする。 片仮名が分かる児童には、発表の仕方を変えて回答できるようにする。

(3) 本授業における思考

どうしたら本時の目標を達成できたとみなすのか？	文字カードを見て、自分で文字カードをマッチングできる。
本時の目標を達成させるためにどのような思考・判断をさせるのか？	指示に応じて、選んだカードを見て応答や発表ができる。

（4）使用した教材

カテゴリーを選択するときのカード

選んだカテゴリー（左）と実際にマッチングする教材（右）

5　協議会を通した評価と授業改善

（1）研究授業の評価

研究授業を行った結果、当初の目標を達成することができた。

その理由は、以下のとおりである。

- 児童の実態に応じて発問の仕方が工夫されていたり、カテゴリーは絵マッチング、文字は文字マッチングが用意されていたりしていた。教師の言葉の支援で発表する雛形もできていた。
- 児童が興味のあるものや身の回りにあるものを取り入れ、イメージがしやすく分かりやすい流れだったので、自発的に活動ができ、さらにカテゴリー分けすることで意欲的に取り組めていた（マッチングするカテゴリーを選べてよかった）。
- 字を読んでマッチングできるように、好きなものを選ぶのではなく目をつぶってランダムに選ばせたのがよかった。またカード類（写真、文字）がとてもきれいに作成されていたり、ボードをいくつか用意することで発表する構文を作りやすかったりした。

（2）研究授業の考察

以上の結果に基づき、本授業が思考・判断を導くことができた要因について検討した。

- 実態把握が正確にできていたため、児童の実態に応じた教材の工夫ができていた。また、児童の実態に合わせて発問の仕方を変えることで、児童が自分で思考することができていた。
- 高すぎない課題で、正解を導き出すような流れができていた。
- 見ていて楽しい教材、過去に経験したことのある教材でなじみがあり、児童が取り組みやすかった。

(3) 検証・改善授業の評価と考察

検証授業を行った結果、研究授業の成果を確認することができた。

その理由は、以下のとおりである。

- 児童の実態に合わせた課題の工夫、これまで親しんでいたカタカナの言葉、自由に選択できる場面と決まった場面とのメリハリがあった。
- 発表の形式が決まっていたので、児童が自信をもって発表することができた。
- 意欲を引き出す魅力的な教材であり、児童の身の回りにある好きなものから単語を選択することで意欲的に取り組むことができていた。

6 結果とまとめ

専門家による観察において、自発語の長さが単音から3音まで、自発語はほとんどないが復唱できる児童、音声のみで応答できる児童に対して、「言葉を正しく話すことや指示に合わせた行動をとる」「発声することで言葉を増やす」支援を行ったところ、カタカナ文字カードを見て同じカタカナ文字カードを選んで、発表ボードを使用して発表することができた。

以上のことから、「教材の工夫」といった観点に基づき検証授業を行った。児童の実態に応じた教材の工夫をすると、児童にとって正解を導くようなマッチング、発表ができる効果があることが分かった。

今後の課題として、ひな型を用いて発表することでより正確に言葉で発表すること、また違うカテゴリーを用意して語彙を増やしていくことが必要である。

4つのベースを活かした実践事例④

中学部　国語

文章の構成を理解して書くための基礎指導

① 対象と単元

（1）学習グループ

　中学部1年　生徒7名、教員2名

（2）単元名

　「文を作ろう」

（3）単元のねらい

　2～3語文の構成を理解する。

② アセスメント

（1）観察

　簡単な指示理解はできる集団であるが、気が散りやすく集中力が続かないことが多い。また、学習に取り組むスピードに差がある。

（2）検査

　「J☆sKep」の平均は、2点台が3名、3点台が2名、5点台が1名の集団である。表出性のコミュニケーションの値が低い生徒が多かった。

　また、「言語アセスメント」の結果では、聴覚的把持力は、2ユニットが3名、3ユニットが3名である。理解水準は、動作語が1名、性質語が3名、関係語が1名であった。

③ アセスメントに基づく指導仮説

　聴覚的把持力が、2、3ユニットの集団であるため、発問や言葉かけを短く分かりやすくを意識して全体指導をする必要がある。「J☆sKep」の結果が3点以下の生徒が含まれるため、全体学習の際も個別に教材を用意し取り組めるようにし、理解を深められるように支援する。

4 本時

(1) 本時のねらい

　自分で考えたり、例文を参考にしたりしながら、「〜は〜を〜する」の3語文を作ることができる。

(2) 本時の展開

学習活動	指導の工夫
挨拶 本時の予定確認	・今日の流れを確認することで見通しをもって学習に臨めるようにする。
文を読もう ・詩の音読を一人ずつ行う ・座席のそばに立って行う	・発表できた生徒の写真カードの隣りに☆を付け、即時評価をする。
文を作ろう ①ワークシートに3語文を書く。 発表をする。(数名)	・ホワイトボードにたくさんの単語を書いたシートを貼る。 →単語を選んで書く。
②何人かで一つの文を書く。 ・「〜は」「〜を」「〜する」を一人ずつホワイトボードに書く。	・助詞「は」「を」は、ホワイトボードに貼っておく。
振り返り 挨拶	・今日のがんばりを評価することで、次回への学習意欲を高める。

（3）本授業における思考

どうしたら本時の目標を達成できたとみなすのか？	・生徒が自分で考えて正しい文が作れた場合。 ・生徒が例文を見ながら正しい文が作れた場合。
本時の目標を達成させるためにどのような思考・判断をさせるのか？	・例文を参考にして自分なりの文を考える。 ・例文の中から選択して書く。

（4）使用した教材

解答を示したところ

個人のワークシート

5　協議会をとおした授業改善と評価

（1）研究授業の評価

　研究授業を行った結果、当初の目標を達成することができなかった。

　その理由は、以下のとおりである。

- ・例として提示した言葉が、漠然としていて分かりにくく、例題を参考に思考することが難しかったのではないか。
- ・他の生徒が発表した文を理解しているかどうかや、紙に書いた文の1つだけを発表していたために、他のものが正しく書けているかどうかを確認することができていなかった。

（2）研究授業の考察

　以上の結果に基づき、本授業の改善に向けた協議、及びその検証を行った。

　改善した点は、以下のとおりである。

- ・写真やイラストを提示し、その中から言葉を選ぶようにすることで、自分で考えて文

を作ることができるようにする。
　・全員が同じ問題に取り組み、その都度正答を確認する。
　・作った文の正答を用意しておき、それを提示することで、全員で答え合わせをする。

（3）改善授業の評価と考察

　改善授業を行った結果、当初の目的を達成することができた。その理由は、以下のとおりである。

　・写真やイラストを提示することで文を構成しやすくなり、課題に主体的に取り組む姿勢が見えた。
　・正答を提示することで、答えが1つになり、皆で正答を確認することができた。
　・答え合わせをしたときに、正解だった生徒がとても嬉しそうで達成感を感じている様子だった。

6　本実践から分かったこと

　本実践では、正しく文を作ることに課題のある生徒に対して、答えを明確に出せるように写真やイラストを提示するという支援を行ったところ、イラスト等の内容に合った3語文の文を書くことができた。

　以上のことから、「視覚支援となるイラスト等を活用する」「答えを明確に表記し、正答が分かるようにする」といった観点に基づき授業改善を行ったことにより、生徒にとってイラスト等をヒントにして主体的に文を組み立てることができる、正答がはっきりしているため、その場で評価ができ、達成感を感じられるという効果があることが分かった。

　今後の課題として、イラスト等の内容が分かっていても適切な言葉が見つけられない場面があったことから、語彙を増やしていくための教材の工夫や支援方法を充実させていく必要がある。

> 4つのベースを活かした実践事例⑤
>
> 高等部　作業学習

適切な接客を行うための指導

1　対象と単元

（1）学習グループ

　高等部2・3年　生徒17名、教員2名

（2）単元名

　適切な接客をしよう

（3）単元の目標

　会計をスムーズに行う。

　適切な接客を行う。

2　アセスメント

（1）観察

　その場その場の状況に応じて、臨機応変に行動することよりも、決まったことを自分のペースで正確・丁寧に行う方が得意である。

　自分のことを客観的に見ることが苦手なため、自分の行動を修正しにくい。接客や会計の流れを「なんとなく」行う傾向がある。

（2）検査

　「言語機能アセスメント」では、⑦聴覚把持力が3ユニットの生徒が2名、4ユニットの生徒が1名である。

　「J☆sKep」では、指示理解の得点が4点の生徒が2名、3点の生徒が1名、模倣の得点は3名とも3点である。注視物の選択では、2点の生徒が1名、3点の生徒が2名である。

3　アセスメントに基づく指導仮説

　「言語機能アセスメント」の結果から、指示や言葉かけ、問いかけは、内容をより理解できるように具体的かつ短めに出す。

　「J☆sKep」のアセスメント結果から、指示は一つ一つ具体的に出す必要があり、工程が多い場合は、指示書や手順書を活用する。実際の活動前に「一動作ずつ見せる→行う、見

せる→行う」を繰り返し、ひととおり確認してから活動に入ることが有効である。

　タブレット端末を使うことで、すぐに手元で自分の接客の様子を見ることができるため、客観的に自分の様子を確認しやすくなる。

4　本時

（1）本時のねらい

　会計の流れを覚える。

　笑顔、声の大きさ、目線、姿勢を意識し、適切に接客を行う。

（2）本時の展開

学習活動	指導の工夫
朝礼 接客用語練習	接客の言葉を言う場面が分かるように、写真が入ったセリフのカードを見せながら行う。
開店準備	持って行くものと準備をするもののリストを用意し、全体指示係から指示を出せるようにする。
会計・接客練習	接客係・店内係・お客様係のローテーションのシフト表を作成して配る。 　会計手順書に接客時のセリフを入れ、さらに接客のポイントが一目で見て分かるアイコンにして表示する。 　接客の様子をタブレット端末で撮影し、自分の接客の様子をすぐに振り返ることができるようにする。
片付け	だれが何をどこに片付けるかを前もって決めておき、全体指示係が指示を出せるようにする。

（3）本授業における思考

どうしたら本時の目標を達成できたとみなすのか？	手順どおりに会計を行い、笑顔、声の大きさ、目線、姿勢が適切な接客をすることができたとき。
本時の目標を達成させるためにどのような思考・判断をさせるのか？	自分が行っている接客の動画を見て、できていない部分に気付き、修正する。

（4）使用した教材

会計の手順書　　　　自己評価表①　　　　自己評価表②

5　協議会を通した評価と授業改善

（1）研究授業の評価

研究授業を行った結果、当初の目標を達成することができた。

その理由は、以下のとおりである。

- ・会計の手順と接客の用語を表にして、すぐ確認できるようにした。
- ・接客の様子をビデオに撮り、すぐにフィードバックを行った。
- ・できていない部分を修正し、適切な接客をその場で練習し、もう一度接客を行う機会を設けた。

（2）研究授業の考察

以上の結果に基づき、本授業が思考・判断を導くことができた要因について検討した。

- ・生徒の接客の姿をビデオで撮り、自分の姿を見ながらフィードバックを行った。
- ・適切な接客のポイントを絞り、自己評価を行いやすくした。

(3) 検証・改善授業の評価と考察

　検証授業を行った結果、研究授業の成果を確認することができた。
　その理由は、以下のとおりである。
　　・自分の接客での課題を修正し、適切な接客をすることができた。
　　・分からないときに、接客の手順表を確認しながら、正しく接客をすることができた。
　　・ビデオを見て「笑顔がない」「声が暗い」「お客様を見ていない」など、自分の接客時の課題を正確に捉えることができた。

6　本実践から分かったこと

　本研究の結果から、自分の振る舞いを客観的に見ることが苦手な生徒に対して、タブレット端末を使って、生徒の接客の様子を録画し、すぐにビデオを見ながら振り返りをしたところ、適切な接客に修正することができた。
　以上のことから、「さらにタブレット端末を有効活用する」という観点に基づき「接客→振り返り→接客→振り返り（振り返りをする前と後のビデオを比較する）」という改善授業を行ったことにより、生徒にとって適切な接客ができたということを目で見て確認ができ、それが自信になって適切な接客が定着するということが分かった。
　今後の課題としては、客観的に生徒の姿を見せるためにどの場面でビデオを撮るかということを考え、より効果的に活用できるようにしてくことが必要である。

4つのベースを活かした実践事例⑥

高等部　情報

一人でワープロソフトの文書作成ができるための指導

1　対象と単元

（1）学習グループ

　　高等部1年　生徒12名、教員2名

（2）単元名

　　「ワープロソフトを活用して文書の作成ができるようになろう」

（3）単元の目標

　　ワープロソフトの操作に慣れ、日常生活場面で活用できるようになる。

2　アセスメント

（1）観察

　　対象生徒は、集中が途切れやすいが、一定の作業を繰り返し取り組むことができる。新しい課題については、事前に予定を伝えることで落ちついて学習に取り組める。

（2）検査

　　「言語機能アセスメント」では、自発語の長さは3語文、聴覚的把持力3ユニット、理解水準は、動作語。

　　「J☆sKep」では、平均3.4であり、表出性コミュニケーションが高い。

3　アセスメントに基づく指導仮説

　　聴覚的把持力が3ユニットであることから、視覚的に分かりやすい指示書を活用していく。

4 本時

(1) 本時のねらい

ワープロソフトの機能を使って、指示書どおりに文書の作成ができる。

(2) 本時の展開

学習活動	指導の工夫
本日の予定	スライドに本日の予定を示す。
スピード認定練習	制限時間を設けて、目標文字数が視覚的に分かるようにする。
入力文字数の記録	入力できた文字数が目標文字数を達成できたかグラフで確認する。
ワープロ検定4級試験演習	指示書のスペースを使う箇所に印(プロンプト)をつける。 スペース操作が終わった箇所に丸をつける(確認)。 別のパターンの指示書を準備(類題)。
まとめ	指示書どおりにスペース操作ができたかを振り返る。

(3) 本授業における思考

どうしたら本時の目標を達成できたとみなすのか?	指示書どおりに、スペースの位置や回数を操作して、文書の体裁を整える。
本時の目標を達成させるためにどのような思考・判断をさせるのか?	指示書を確認し、スペースの位置や回数などを思考、判断して、文書の体裁を整える。

（4）使用した教材

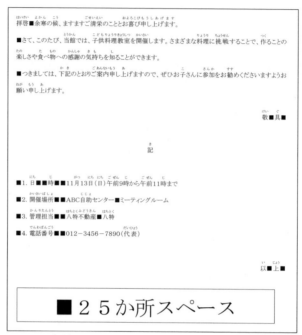

スペースを使う箇所に印（プロンプト）をつけた指示書

5　協議会を通した評価と授業改善

（1）研究授業の評価

　研究授業を行った結果、当初の目標を達成することができなかった。

　その理由は、以下のとおりである。

- ・指示書と同じ位置にスペース操作を行うことができず、位置や回数のミスが目立った。
- ・チェック手順書の見方が煩雑で、質問が多かった。
- ・文章から入力してしまったため、目標のスペース操作の練習回数が少なかった。

（2）研究授業の考察

　以上の結果に基づき、本授業の改善に向けた協議、及びその検証を行った。

　改善した点は、以下のとおりである。

・指示書のスペース位置に印をつけることで、スペース位置と回数が分かるようにする。
・スペース操作が終わった箇所に自分で丸をつけることで確認ができるようにする。
・あらかじめ入力された文章や類題を準備して、スペース操作の練習回数を確保する。

(3) 検証・改善授業の評価と考察

改善授業を行った結果、研究授業の成果を確認することができた。

その理由は、以下のとおりである。

・指示書のスペース位置や回数が明確になることで、ミスなく操作を行うことができた。
・スペース操作が終わった箇所を自分で確認することで、ミスなく操作を行うことができた。
・あらかじめ入力された文章や類題を準備することで、スペース操作の練習回数が増えた。

6 本実践から分かったこと

本研究の結果から、ワープロソフトのスペース操作をする際に、指示書のスペース位置や回数が分かりづらく、指示書どおりにスペース操作ができず、質問も多かった生徒に、スペース位置や回数が分かるように印(プロンプト)を明記し、練習回数を増やすためにあらかじめ入力された文章や類題を準備することで、指示書どおりに一人でスペース操作ができるようになった。

以上のことから、「生徒の実態に応じた指示書の精選」といった観点に基づき、授業改善(検証授業)を行ったことにより、生徒にとって思考を促し、一人で取り組めるようになる有効な手だてであることが分かった。

今後の課題として、ワープロ検定本番に向けて、スペース位置や回数を明記する印(プロンプト)をなくしても、スペースの位置を間違えずに入力できるような指導を検討していく必要がある。

4つのベースを生かした実践事例⑦

小学部　音楽

音楽に親しむための初期段階の指導

1　対象と単元

（1）学習グループ

　小学部1年　児童25名、教員12名

（2）単元名

　「ピアノに合わせて楽器を鳴らそう」

（3）単元の目標

　指揮者とピアノ伴奏を見て聴いて、両手に持ったスティックで、一定のリズムで演奏する。

2　アセスメント

（1）観察

　見本を見てまねることができつつある。

　ピアノの音色に親しみ、聴くことができる。

　順番等簡単なルールを守ることができつつある。

（2）検査

　「言語機能アセスメント」：聴覚的把持力は不能及び1ユニット

　　　　　　　　　　　　　理解力は単語

　「J☆sKep」：1～2点台が多く、模倣は3点、注視物の選択は2～3点の児童が多い。

3　アセスメントに基づく指導仮説

　アセスメントの結果から、言葉による指示や楽譜等を見て演奏することは難しいが、モデルを示すと有効であることが分かった。

　「見て、聴いて、動く」ことが課題の児童がほとんどであることから、指揮者が手本を示しそれを見てまねるところから、ピアノ伴奏を聴いて演奏するところまで段階を踏んで指導する。

4 本時

(1) 本時のねらい

　手本を見て、まねながら打楽器を演奏する。

(2) 本時の展開

学習活動	指導の工夫
手遊び	教員が児童と向き合って、一対一になって体に触れて歌遊びを行う。
歌 「アイアイ」	「マイクを向けられたら歌う」というルールで、アイアイをまねて歌うようにして、発声を促す。
楽器 「世界中の子供たちが」	8名ずつ順番に演奏する。順番を示す。 簡単なリズムのパターンで演奏する。 　（リズムの例）♪休み♪休み♪♪♩ ピアノ伴奏の左手パートは、リズムパターンを刻んで演奏して、聴いて分かりやすくする。 演奏の始まりと終わりを分かりやすくするために、両手にスティックを持ち、演奏の前は、「両手を上げるポーズ」、終わりは「気を付け」の姿勢で終わりとする。
鑑賞 「プリンクプランクプルンク」	「見ながら聴く」曲調に合わせて教材を準備し、曲に合わせて教材を美しく動かすことで見ながら曲を聴くことができるようにする。

(3) 本授業における思考

どうしたら本時の目標を達成できたとみなすのか	指揮者に注目し、打楽器を始めから終わりまで演奏することができた。
本時の目標を達成させるためにどのような思考・判断をさせるのか？	指揮者を見て同じようにしようとする。 指揮者が終わりの姿勢になったのを見て自分も終わる。

（4）使用した教材

　　・スティック収納場所がついた打楽器（コンガ、スルド）

5　協議会を通した評価と授業改善

（1）研究授業の評価

　研究授業を行った結果、当初の目標を達成することができなかった。

　　・教員はスティックや楽器を持たずに手で指揮をした。

　　・ピアノの前奏が長かった。

　　・後奏があった。

（2）研究授業の考察

　改善に向けての協議

　　・指揮者も楽器を持ち、スティックを使用して手本として分かりやすくした。

　　・ピアノ伴奏の前奏は、短く、リズミカルで分かりやすい出だしにした。

　　・後奏はなくし、終わりが分かりやすい伴奏に変更した。

（2）検証・改善授業の評価と考察

　【改善の結果】

　　・児童は指揮者をまねてリズムパターンを演奏することができた。

　　・曲の始まりと終わりが分かりやすくなり、自分から終わるようになってきた。

6　本実践から分かったこと

　音楽の要素や曲調にまだ気付いていない段階の児童への楽器演奏の指導は、模倣して、「見て動く」ことから始めることで、「見て動くから、音を聴いて演奏する」へ移行できることが分かった。

　曲の始まりや終わりの理解が難しい児童には、前奏にきっかけとなりやすいリズムを活用する、音の強弱を強調することで、より分かりやすくする。成功体験を積み重ねることで、「見る」から「聴く」ができるようになり、音楽そのものに気付くことができることが分かった。

Column 3

木工コンクール　都知事賞

　2016（平成28）年5月、東京都産業労働局主催の第2回多摩産材「木工・工作コンクール」の案内が舞い込んだ。コンクールに応募する条件で多摩産材の端材が段ボール1箱分いただけるという魅力的な内容であった。参加できるのは50校である。抽選に当たればラッキーだと思い申し込みをした。7月、大きな段ボールが届いた。「来た！当たった！」と箱を開けると木の良い香りがした。色、形、大きさがまちまちの端材がぎっしりと詰まっていた。手に取ると重さや肌触りもそれぞれ違い、経験値の少ない児童に木に触れる体験の機会を得たと心が躍った。

　8月、児童にとって端材を安全で使いやすくするために一辺3～10cmの木片に切り、角は丁寧にグラインダーや紙やすりで整えた。木工室で粉塵が舞う中、大量の木片チップができた。

　9月、小学部5年生20名で取り組む共同制作のテーマは「高尾山」とした。児童が遠足で繰り返し訪れている馴染みの山はイメージしやすいからである。木片チップに筆でボンドを付けて積み上げていく。1個貼るごとに形体が変化していく。横に並べたり、倒れるまで縦に積上げたり、気に入った木を集めて使う児童もいた。大人では考えられない引力に逆らった組み立て方をする児童もいて楽しい共同制作となった。制作が進むと隙間を上手に埋める達人も現れた。隙間の大きさに合う木片を探して上手くはまると「先生（見て）」と嬉しそうな顔が輝いた。ボンドが苦手な児童がどんどんボンドを使う姿や、集中することが苦手な児童が息を止めて慎重にケーブルカーに見立てた木片をそっと貼り付けた姿には感動した。

　11月、都知事賞受賞の連絡に沸いた。表彰式では、制作技術ではなく楽しく制作したことが伝わる作品だと評価されたことが嬉しかった。また、学校名を伏せて作品の審査が行われ、都内小学校の中で一位に選ばれたことは、児童だけでなく家族や教師にとっても大きな喜びとなり、自信となった。

（佐藤　芙美）

都知事賞受賞式

共同制作「高尾山」

Column 4

高等部作業班と企業との連携①

　JFE商事サービス（株）と高等部作業班が連携をすることになった。きっかけは、その企業役員より本校校長が障害者雇用についての相談を受け、学校見学に来ていただいたことからである。「障害のある人たちを社員として受け入れたいが、どのような支援をすればよいのか」ということで具体的に企業関係者と本校の進路部の教員との行き来が始まった。

　高等部作業学習の授業の様子を何度か見学していただいた後に、社長から、企業と作業学習の連携についての提案書をいただいた。それには、各作業班と企業が一緒に取り組む方法がパワーポイントに落としこまれていた。最終的には食品加工班の生産品である「クッキー」を、会社の「おみやげ」として納品してほしいということなのだが、「クッキープロジェクト」として、各班に作業の広がりをもたせる工夫が提案されていた。

　食品加工班は企業と一緒になって、企業が望むクッキーになるように質を向上する。布工班はクッキーを包装する製品開発を企業の方々の目線を取り入れて行う。事務班はメッセージカードの作成をお願いする。流通班には企業からの発注を受けて納品するまでの過程を会社のノウハウを伝えて創っていくということが具体的に示されていた。

　この取り組みは、生徒に具体的な目標があることの大切さや、生徒がプロから学ぶことの面白さを得るにとどまらず、教師が仕事を進めていく上で求められる質とスピードを学ぶ機会にもなった。この関係が、やがては企業を訪問しての作業学習を実現させた。企業での喫茶コーナーや清掃の実施は、生徒の作業実習体験の充実になるだけでなく、その企業で働く人々に「障害のある人とも一緒にやっていけそうだ」という実感をもたらすことになった。

（田島　昭美）

Column 5

高等部作業班と企業との連携②

　どのような作業製品があるか実際の物を見せながら、JFE商事サービス（株）の社長へプレゼンを行い、連携方法を探っている途中で、企業内で作業学習の場を設けてみてはどうか、ということになった。学校側としては、学校内での作業学習の場から雇用を目指した現場実習とは違う、一般の方から見た作業学習の評価や成果を得られる場を求めていたため、お願いすることになった。また、企業側は知的障害をもつ特別支援学校高等部生を新規採用する計画案にあわせて、一緒に働く人財として社内に認知してもらう機会にするねらいがあった。

　1日の現場実習として、八王子からJFE商事サービス（株）のある大手町まで出かけての作業学習となった。喫茶班はハンドドリップで淹れたコーヒーの試飲会、ビルクリーニング班は社内食堂の清掃を請負い、実施に至った。生徒たちは、会社からいただいた役割を丁寧に果たすことで責任を全うし、「ありがとう」と言っていただけた喜びを感じていた。

　企業側のアンケートは肯定的な内容で、障害のある生徒たちの働く姿に驚きと感動を感じたという多くの感想がもたらされた。これから障害者雇用を実現していく上で大きな安心感につながったと評価を得て、次年度も続けることになった。

（吉田　真理子）

ビルクリーニング班による
社内食堂の清掃

喫茶班によるコーヒーの試飲会

第4章

外部専門家との連携

I 外部専門家との連携にあたって

　主体的・自発的活動のために、自立活動の充実は欠かせない。昨今の障害の多様化・重複化により、一人一人に応じた自立活動の質を高めるためには一般的な教師の知識を超えた、作業療法士、言語聴覚士、臨床発達心理士等の最新かつ専門的な知見が必要である。東京都が外部専門家事業を導入する以前は、年間合わせて十数回の研修会しかできなかったが、外部専門家事業により、教員定数を2名減じて1,500時間程度の時間講師として外部専門家にアセスメントとカンファレンスをお願いできるようになった。それでも、約450人の児童・生徒がいるので、アセスメントやカンファレンスは一人につき年間1回程度である。小・中学部では作業療法士、言語聴覚士を中心に、高等部では心理の専門家を中心に連携を深めている。また高等部には、月1回程度、外部の方に「作業学習」の質を高めるための技術提供をお願いしている。

1 連携するために必要な素地

　外部専門家と連携するにあたっては、教師が主体であることを忘れてはならない。教師は教育の専門家である。外部専門家と教師が連携するためには、子どもの状況を分析する姿勢が同じでないと難しい。専門家はアセスメントに基づいて考えを進めるので、教師もまた、適切なアセスメントを実施して個別指導計画を作成する等の基本が定着している必要がある。また、ケースカンファレンスにあたっては、教師は自分の見立てを整理し、専門家から何を知りたいのかを明らかにしておく必要がある。外部専門家は少しの時間しか子どもと関われないので、専門家から得た知見を生かすのも、実際の指導の場面でできることとできないことを判断して、適切にコーディネートしていくのも教師の役割となる。教師の見立てが大雑把でも稚拙でも構わない。専門家からの知見を付加することができるからだ。しかし、"アセスメントは外部専門家にお任せ"の状態では、専門家からの知見を教師の側で役立てることができず、連携が滞っていく。

　また、専門家のアセスメントの際には、基本的には保護者の同席をお願いした。生活の大半を子どもと一緒に過ごす保護者の理解と協力なしには、学校で実施する教育も十分な成果を上げられないと考えているからである。

2 組織体制

　外部専門家と連携する意義についての全校への理解・啓発を含め、学校と専門家双方のスケ

ジュール調整、子どもと専門家のマッチング、事前資料の作成と内容確認、相談支援室の設置と環境整備、所属学年の指導体制やフォロー体制への配慮（アセスメントは子どもを取り出して実施するため）、外部専門家の知見を全校に知らせるためのカンファレンス便りの発行等の業務が発生する。導入期でもあり、柔軟な対応が求められるた

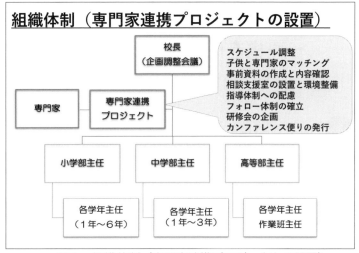

図1　組織体制（専門家連携プロジェクトの設置）

め、図1のように専門家連携PTを作って組織化した。学校のニーズと合わせて外部専門家と連携するため、校内研究テーマと関わらせることや、専門家から得た知見を研修会やカンファレンス便り等で学校全体のものとしていくことは、学校全体で取り組んでいることを意識でき、有意義な情報を共有できるので大切にした。

❸ 外部専門家に求められる資質・能力

当該職種の専門性はもちろんのこと、知的障害特別支援学校では知的障害や発達障害への理解が必須である。また、アセスメントやカンファレンスにあたっては、指導の根拠となる子どもの状態を教師や保護者に分かりやすく説明できることが求められる。学校と連携するので、学校の方針に合わせていただくこと、実践に役立つ専門的な知見を教師と共有し、教師や保護者と十分にコミュニケーションが図れることが大切だと考えている。年度進行中は、連携の進捗状況の確認や今後に向けての共通理解のため、月1回程度の専門家代表と管理職、専門家連携PTの教員による連携会議を実施し、円滑な進行に努めた。

❹ ティームアプローチを目指す

外部専門家との連携が軌道に乗って、自立活動の内容は充実してきた。現在は、教師が外部専門家から助言を受けるかたちが多いが、徐々に教師も一人の専門家として意見を交わし、ティームアプローチによる指導が実現するように願っている。既に、高等部では臨床発達心理士と教師たちが協働して教材を開発し、指導事例を検証している状況も出てきているので、今後に期待したい。

II 外部専門家との連携
～連携を成功させるために～

1 連携する目的

　特別支援教育において、児童・生徒の状態を正しく理解し、実態を把握することなしに授業をすることはできない。

　教員が児童・生徒の実態把握を行う場合、「標準的なスケールを使用する」「行動観察を行う」などを用い、個別に指導の方針を立てる。行動観察は、授業や日常生活における児童・生徒の具体的な行動からの観察、保護者等からの聞き取り等によって、本人の全体的な把握を行う。

　これらの方法に加えて、言語聴覚士、作業療法士等、特化した専門家との連携によって、多角的に児童・生徒の実態を把握することができ、教師の指導の幅を広げることが可能になる。

　例えば、言語聴覚士によって口腔機能をアセスメントすることにより、構音に関する問題点が明らかになり、授業の中で舌、口唇へのトレーニングを取り入れること等が可能になる。指導例としては、ペットボトルにさしたストローを吹いて中の水をぶくぶくさせたり、ポリエチレンのテープでできたのれんを吹いてくぐったりというような毎日継続できる活動が示される。さらに、給食の時間の食形態への配慮や、食べさせ方への配慮を個別に行うことが可能と

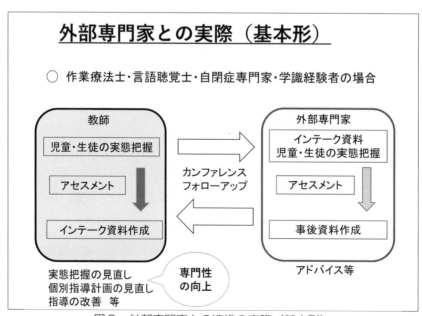

図2　外部専門家との連携の実際（基本形）

なる。

　また、作業療法士のアセスメントより、着席行動がうまくいかないことの理由が、体幹の保持の未成熟にあることが明らかになり、授業の中で椅子の工夫、体幹トレーニングを取り入れること等が可能となるなど、教員としての専門性では解決できなかったことが可能になる（P107〈体幹が使えるように指導する〉参照）。

　教員は授業を行う専門家であるので、特化した外部の専門家からのアドバイスを児童・生徒の全体像の把握に落とし込み、課題の原因を特定し、個別指導計画に盛り込むことで、より個に応じた指導が可能となる。

　また、課題に沿ったトレーニングを授業として展開し、毎日の取り組みで改善を試みることが可能となる。

　このように、外部専門家の専門性を活用しつつ、教育とは違った視点を取り入れ、授業の充実を図ることが大切である。特に、外部専門家からのアドバイスを授業という視点でもう一度見直し、必要なことを必要なかたちで取り入れ、教員の専門性を向上することが大切である。

❷ 外部専門家の一日の流れ

　基本的に、午前中は担任と保護者の同席のもとでの児童アセスメントを実施し、午後は午前中のケースについての専門家と関係の教師によるカンファレンスを実施した。

（1）作業療法士・言語聴覚士・自閉症の専門家等の場合

〈一日に2～3ケース〉

8時30分	打ち合わせ	12時30分	休憩
9時30分	アセスメント①	13時45分	カンファレンス①
10時30分	アセスメント②	14時45分	カンファレンス②
11時30分	アセスメント③	15時45分	カンファレンス③
		16時45分	終了

（2）学識経験者等、授業観察を伴う場合

〈一日に授業観察3ケース、アセスメント1ケース〉

8時30分	打ち合わせ	13時30分	学校との連携会議
9時15分	授業観察①	14時00分	カンファレンス①
9時50分	授業観察②	14時30分	カンファレンス②
10時30分	アセスメント	15時00分	カンファレンス③
11時30分	授業観察③	16時00分	カンファレンス④
12時30分	休憩	17時00分	終了

3 プロジェクトリーダーの役割

(1) 年間スケジュール

○校長は学校経営計画に基づき、学校としてどのように外部専門家を活用するのかを決定する。
○外部専門家の選定をし、内諾を得る。

○各外部専門家と年間時間数を調整する。
○次年度年間計画と照らし合わせ、外部専門家の来校可能日や予算化された金額と合わせて各専門家の年間時間数を決定する。

3月
○各外部専門家と正式に委嘱依頼、承諾書を交わす。
○各外部専門家の来校日を学校・学部行事等と調整し決定する。

(2) 調整とマッチング

　各専門家によって特化した専門性があるため、外部専門家連携の担当者（以下、担当者）は、担任が普段、学級、学年の中で困っていることを聞き取り、課題解決のために適切な専門家へマッチングする。

　授業改善へ外部専門家を活用する場合は、注意が必要である。言語聴覚士、作業療法士等は、療育現場等の専門家であり、教育現場における授業の専門家は教師自身であるからである。したがって、初任者等、授業力が未熟な者へのアドバイスは校内のベテラン教師により行うことが原則になる。しかし、さらに高みを目指すため、授業改善に意欲がある積極的な教師には、授業を研究してきた外部専門家を充てることが効果的になる。よい授業を観察した外部専門家は、よりよい授業のための建設的な意見を伝えようと、前向きなアドバイスをする。前向きなアドバイスは、教育の専門家である教師にとって受け入れやすく、良い循環を生み、ひいては学校全体の授業力を引き上げていく。担当者は、授業の専門家としての教師の立場を尊重すると同時に、さらなる授業改善への向上心を教師自身がもつように、外部専門家を活用することが求められる。

(3) 「カンファレンス記録便り」の作成

　外部専門家からのアドバイスのエッセンスは、プロジェクトリーダーが個別のカンファレンスに参加し、分かりやすく要約する等して、「カンファレンス記録便り」として発行する。校内サーバーの掲示板にアップロードし、常に全校に還元することで、関係者のみならず学校全体の専門性向上を図ることができる。

第4章　外部専門家との連携

4　学部担当者の役割～連携の決定から終了までの流れ～

①学部担当者は、月ごとに指導確認票を作成し、押印によって専門家の出勤を確認できるようにする。学年に割り当てた日程に学年主任が児童・生徒と担任をあてはめたものを集約し、月ごとの計画表を作成する。

②担任と保護者あてに、専門家名、日時、場所を記載した資料を作成し、個別に配布する。

③担任が作成したインテーク資料を受け取り、専門家ごとに漏れがないかチェックし、前月終わりまでに各専門家へ送付、もしくは手渡しする。

④当日朝までにアセスメントルームを整備し、必要なものを準備する。

⑤月の終わりに各専門家の押印を確認し、経営企画室担当へ渡す。企画室担当は押印時間ごとに専門家へ手当を支払う。

　学部担当者は各学部の主任であることが望ましい。担任によっては、専門家によるアドバイスが理解できなかったり、担任としての授業づくりにマッチする気がしない思いをもったりする場合があるので、その都度、支援内容の意図するところを説明する等のフォローをする必要があるからだ。また、保護者の理解を促すために担任が専門家と保護者の間を取りもつ場合にも、同様の必要性が出てくることもあるからである。

　さらに学部担当者は、専門家の意図をくみ取り、担任のニーズを理解し、校長の学校経営計画を実現するべく日々の授業に何が求められているか等を双方に説明する役割も担う。

　外部専門家のアドバイスと授業がうまくつながることにより、児童・生徒にとってよりよい授業改善に導くことができる。専門家のアドバイスありきにならないように、担当者は専門職と教育職の間をつなぎ、何をどのように理解して教師の専門性を上げていくかの助言を行うことが求められる。

5　担任の役割～アセスメントの日程や受ける人の決定から終了までの流れ～

① 児童を選び、実態把握に関すること、指導に関すること等で疑問点や困っていることを学年主任へ伝え、外部専門家とマッチングしてもらう。

② インテーク資料を作成し、期日までに担当へ提出する。インテーク資料の児童・生徒氏名はイニシャルとし、個人が特定できないようにする。

③ アセスメント、カンファレンスの日時、場所の決定通知が来たら、保護者へお知らせを配布し、アセスメントに参加できるか、カンファレンスに参加する希望があるかを確認す

る。
④ 当日は時間になったら児童・生徒、保護者とともに指定された教室へ行き児童・生徒がアセスメントを受けているところに立ち会い、記録をとる等、専門性向上の取り組みを行う。
⑤ カンファレンス終了時、専門家より事後資料を受け取り、自分が作成したインテーク資料との違い等で、児童・生徒への理解を進める。
⑥ 自身が作成したインテーク資料はPDF化し、校内サーバーにデータで保存する。紙媒体は裁断廃棄する。

❻ 「カンファレンス記録便り」から専門家のアドバイスの例

発語を促す初期の指導	・聞くことができなければ、話すことはできない。 ・児童が分かる言葉を聴かせることが大切である。 ・絵カードを使ってコミュニケーションをとる際、教員が、正しい音、言葉をしっかり聞かせることが大切である。 ・絵を指さしさせながら、相手の目を見て、発語させる。もしくは、正しい言葉を聞かせる（発語は強要しない、発語が不明瞭でも、出たことを認める）。 ・「発語できるようにしていく」という意識は、どんな代替手段を使用していても、しっかりもって指導する。
自発的にコミュニケーションすることを指導するために	・要求場面をたくさん作る。 　例）勉強の後のご褒美の要求 　　　図工、調理等の道具の要求 　　　給食、お茶等のおかわりの要求 ・拒否も練習する。 ・言葉かけ等で、すぐに促すことをしない。 　言葉でたくさん促すと、言葉を待ってしまう（手続き記憶に組み込まれる可能性）。 ・本人が困っているとき、コミュニケーションをとることが有益なときに、指さし（言葉なし）で、「コミュニケーションブック」や「スケジュール」を示して、思い出させる。 ・プロンプター（いつか消える支援をする人）は、言葉で指示しない（黒子に徹する）。
スケジュール指導	・いつまで、何を、どのくらいについて一日の全てを示す（朝、一日の授業を示すだけではない）。 ・スケジュールは児童・生徒の実態によって変える。

	継時処理の子どもには、めくり式やはがし式を用いる（一度に一つのスケジュール）。 同時処理の子どもには、全部が見渡せるタイプのものを使用する。 ・スケジュールには必ず自分で選ぶ場面を入れる。
体幹が使えるように指導する	・**バランスボールにのって、手をつく（スーパーマンのポーズ）** 足はあげる。 手のひらはしっかり開いて床につく。 ・**バランスボールに座ってのる** 床に足をつく。手はひざに。 ひざはつける。   静止が目的。ストップで、10秒止まる練習をする。 ・**床で、腹ばい。手で上体を支持する姿勢（わに）** 足の指を床にかけることが重要。 足の親指が脳を刺激する。 靴を脱いだほうがよい。
休みがちな生徒が登校してきたときの対応	・教師は、生徒が登校してくれて嬉しいと意思表示する。 ・生徒はやっと登校したかもしれない。教師に嬉しいと言われることがプレッシャーになることもある。そっとしておいてほしい人もいる。 →「先生は君が登校してくれると嬉しいです。でも君は登校したときに喜んでほしいですか？そっとしておいてほしいですか？」と本人に選ばせる。

Column 6

狂言体験教室

　日本の伝統芸能である狂言に触れ、実際に体験することで、本校生徒の芸術教育の振興を図り、余暇活動の広がりに向けた社会体験をすることを目的に狂言体験教室を実施した。早稲田大学坪内博士記念演劇博物館の支援があり、善竹十郎氏と善竹大二郎氏に来ていただくことができた。

　演目は「柿山伏」。

「日本最古のお笑い伝統芸能です。楽しんで笑ってください」

との説明を聞いた後、柿山伏の動作や翁のやりとりに、中学部・高等部の生徒たちは声を上げて笑い、楽しんだ。

　体験では、まず、声を出すときの姿勢の練習を行い、「柿山伏」に登場した、いろいろな動物の鳴き声や、怒ったとき、謝るとき等の狂言独特の表現方法を教えていただいた。最後に狂言での笑い方を習い、大二郎先生と一緒に笑うことで終了した。狂言で使われる言葉は難しいのではないかと思われたが、生徒たちは面白さを理解しており、彼らが心から楽しむ様子に伝統芸能の力を感じた。

　　　　　　　　　　　　　　　　　　　　　　　　　　　　　　（吉田　真理子）

狂言体験教室「柿山伏」
善竹十郎氏・善竹大二郎氏
の公演の様子

Column 7

藝大 21 藝大アーツ・スペシャル 2016 の楽屋裏

　2016（平成 28）年 12 月 3 日・4 日と東京藝術大学上野奏楽堂にて、藝大アーツ・スペシャル 2016 が実施された。2 日目のコンサートのプログラムの 1 曲として、ベートーベン作曲「第九交響曲　第四楽章抜粋」の演奏が行われた。歌ったのは本校高等部合唱同好会のメンバー。ドイツ語でユニゾン（斉唱）にて歌った。生徒たちは少し紅潮した表情でまっすぐに前を向き、後ろで演奏している東京藝術大学のオーケストラに合わせて客席へ歌を届けた。

　生徒たちの「歌おう」という姿勢から感じ取れる素直な、まっすぐな声がホールに響いた。私は演奏にひきつけられていった。後奏を演奏するオーケストラは、生徒たちの歌声に呼び覚まされたかのような力のこもった響き、音色となって曲が終わり、思わず胸がしめつけられた。

　この企画は東京藝術大学とのご縁で始まった。「ドイツ語で第九を歌う。オーケストラに合わせて歌う。しかも有名な歓喜の歌の部分に加えて、曲の最後の早いパッセージも歌う。」という、ミッションを与えていただき、実現した。特に最後の部分の早いパッセージは、リズムや言葉、歌の入り方が難しい部分だった。

　音楽好きの N 君は、演奏前の練習で「最後の入り方のリズムがむずかしいです」と言っていた。当日リハーサル室に入って何気なく N 君に「調子はどうですか？」と聞くと、「先生、YouTube で聴いて練習しました。できるようになったと思う」とのこと。すると、「わたしも」「ぼくも」と、YouTube を活用して自主練習していた生徒たちが次々と YouTube を見せてくれた。「ああ、今日の演奏のために努力したんだな」とうれしくなった。

　本格的なコンサートホールの舞台に立ったことなど一度もない生徒たちは、オーケストラとのリハーサルで、カチコチに緊張し、手に持った楽譜にしがみつくように下ばかり見てしまっていた。無理もないことである。暗譜していることは分かっていたので、急遽楽譜を持たずに演奏することに決めた。リハーサル室での練習で、顔を上げて姿勢を正しく歌うことを再度練習し、何とか本番に備えた。

　それ以来、東京藝術大学とのご縁は続いている。2017（平成 29）年度はヘンデルメサイアから、ハレルヤコーラスをご提供いただき、挑戦した。2018（平成 30）年度は第九。卒業生を出しながら、合唱同好会は新しいメンバーを迎え、歌うことの楽しさ、ハーモニーをつくることの楽しさを追求している。

（濱田　恵）

「藝大アーツ・スペシャル 2017」
ポスター

Column 8

文化庁主催「共に生きるアーツ」に合唱同好会が出演

　合唱同好会では、7月に行われたNHK学校全国音楽コンクール「フリー参加」部門での発表をはじめとして、10月には教育フェア「西風」で、都立八王子拓真高等学校とのコラボ演奏、12月には東京藝術大学の奏楽堂で行われた、藝大フィルとの共演など、様々な舞台に出演をしてきた。また、東京藝術大学との活動は、奏楽堂での演奏会や夏休みの東京藝術大学の学生によるドイツ語歌唱のレッスンも含めて、テレビ東京の番組「スケッチ」で紹介された。1年をかけてベートーベン交響曲第九番「歓喜の歌」に取り組んできたが、その、集大成として、2017（平成29）年3月28日に文部科学省の講堂で行われた「共に生きるアーツ」でプロの声楽家やオーケストラと、共演を果たすことができた。

　文部科学省での「共に生きるアーツ」は、書家の金澤翔子さんのパフォーマンスで始まりました。生徒たちは、オーケストラのコンサートやヴァイオリンのコンチェルトを鑑賞し、演奏会終盤に出演をした。緊張も見られたが、「経験がものをいう」とはまさにこのこと。オーケストラや声楽家の前に並ぶと自然と音楽に溶け込み、胸を張って素晴らしいドイツ語歌唱をすることができた。

　歌う喜びを肌で感じたこれらの貴重な経験は、それぞれの生徒の自信となり、今後の学校生活や卒業後の糧となっていくと思う。

（吉田　真理子）

文化庁主催「共に生きるアーツ」ポスター

第 5 章

小・中・高のつながりのある学び

I 小・中・高のつながりのある教育

❶ 「ことば」でつなぐ12年

　知的障害のある子どもには、多かれ少なかれ「ことば」に課題がある。自立活動のコミュニケーションの視点からは、小学部を中心に言語機能の発達が未熟な子どもに、その発達を促すとともに音声言語を補完する代替手段を確立し、他者に要求表現ができるようになることを目指して指導している。合わせて、発語のための口腔トレーニング等も必要になる。一方で高等部を中心に言語機能がほぼ完成している子どもには、豊かなコミュニケーションのために自分とは異なる考えをもつ他者に気付き、相手に分かるように自分の考えを説明したり、相手を受け止めながら自分の考えを伝えたりする指導をしている。

　「ことば」の役割は単なるコミュニケーション手段にとどまらず、考えること、経験を記憶すること、行動調整、行動の計画・実行等、多岐にわたる。したがって、全ての教科学習等とも密接につながっている。

　一方、学校では、障害が重度であっても「ことば」を使って授業をする。従って教師は、子どもの言語理解の状態を把握して子どもが理解できる「ことば」を使わなければならない。図1は「言語機能アセスメント」の表である。アセスメント結果が右になれば、言語機能が完成していることを表す。中でも図1の下段2つの「言語理解」の項目は、「言語の理解水準」と「言語の聴覚的把持力」から成り、子どものことばの理解の状況として、教師に把握しておいてほしい項目である。「言語の理解水準」には、言語の発達していく順番が示されている。図1のとおり、単語⇒動作語⇒性質語⇒関係語の順に発達していく。理解水準が単語（名詞）の子どもに、性

項目		評価				
発話	構音の明瞭さ	不能	不明瞭	一部不明瞭	明瞭	
	自発話流暢性	なし	非流暢	一部非流暢	流暢	
	自発話の長さ	発声なし	単音	単語	2語文	3語文	4語文以上
	自発話の内容	発声なし	喃語	意味不明	一部意味不明	有意味
	発話の運用	なし	乏しい	不適切	適切	
復唱	復唱	不能	単音	単語	2語文	3語文	4語文以上
言語理解	言語の聴覚的把持力	不能	1ユニット	2ユニット	3ユニット	4ユニット	5ユニット
	言語の理解水準	不能	単語	動作語	性質語	関係語

図1　「言語機能アセスメント」
（早稲田大学　坂爪一幸教授作成）

質語の内容を説明したいときは、絵などの視覚的支援が必要になる。教える場合にも、単語が習得できたなら、次は動作語になる。理解の順序として単語の次が性質語になることはない。「言語の聴覚的把持力」とは、言語性短期記憶の容量のことで、一度に意味理解できる単語（ユニット）数の量の限界を表している。人は、聴覚的に把持できる単語の量を上回って話されると、理解できていた単語まで打ち消されてしまい、何を話されていたのかさえわからなくなってしまう。例えば聴覚的把持力が3ユニットだとすると、3語文なら理解できるのに、4語文以上で話されると、理解できる範囲に入る先行の3ユニットの意味理解も打ち消されてしまうということだ。2014（平成26）年に本校で調べたところ、高等部職業類型の「事務流通班」の生徒22人のうち8人は聴覚的把持力が未熟であった。普段、音声言語でやりとりのできる生徒たちなので気付かれにくいが、一度に話す長さへの配慮や視覚的支援を併用する配慮が教師に求められる。教師に子どもの言語理解への配慮がないと、授業は分からないものになってしまう。子どもは「ことば」が分からない状態に置かれ続けると、情報が入らないにとどまらず、「ことば」に注意を向けなくなる。注意が向かなければ「ことば」は育たない。高等部の事例の場合、聴覚的把持力の知識のない教師は、聞き取れなかったことを子どもの側の「不注意」だと指導する。子どもは教師の理不尽さに気付かず、自分がダメなんだと自信をなくす。自信のないところに主体性の発揮は望めない。分かる「ことば」をたくさん使って理解できる言語を増やしていくことが「ことば」の指導の基本である。この基本を全ての教師が認識し、学校で学んだ基礎基本が、しっかり積み上がる知的障害特別支援学校であってほしいと思う。

「言語機能アセスメント」については、坂爪一幸編著の「特別支援教育に活かせる発達障害のアセスメントとケーススタディ」（学文社、2008年）をご覧いただくとして、ここで簡単に「言語の聴覚的把持力」の検査の仕方について触れる。

　準備として検査図（紙に6個の絵を書いたもの：図2は例であり、どのような単語でもよい）を用意する。
　①絵を見せながら、書かれたものの名称が理解できているかどうかを調べるために、検査者は名称を呼称し、被験者は指で該当の絵を示す。
　②検査者は検査図を隠してから、描かれている物を1つ呼称する。

図2　検査図の例

③検査者は再び検査図を提示して、被験者に呼称したものを指差してもらう。
④検査者は同じやり方で一度に呼称する物の数を2つ、3つ…と順次増やしながら、②③を繰り返していく。

一単語も指し示せなかったら不能、1度に1単語示すことができれば1ユニット、1度に2単語示すことができれば2ユニットとしながら、一度に意味理解できる単語数の限界を調べる。1度に5ユニットまで示すことができれば、言語の聴覚的把持力の機能は成熟していると考えられる。

「ことば」の課題は小学部・中学部・高等部に在籍する子どもたちに連続的に存在する。知的障害特別支援学校における「ことば」の指導こそ、12年間一貫して、一人一人の発達に応じながら段階的、系統的、組織的対応が必要な知的障害教育の中心的な課題である。

❷ スケジュール指導

　小学部1年に入学してくると、自発的な活動のために個別のスケジュール帳を使う指導が始まる。我々が頭の中で段取りを組んで行動に移しているようなことを可視化するのである。スケジュール帳の活用は見通しがもてるだけでなく、記憶力や段取り力を補完する。学校生活がルーティン化するまで待たなくても自発的に動けるようになるし、ルーティン化された後、突然の予定変更にも混乱が少ない。多くの子どもは数カ月でスケジュール帳を使いこなせるようになる。小学部高学年になると予定表を見ながら、自分のスケジュールを作成できるようになる。このような状態になってきたら、是非、市販の手帳に移行してやってほしい。高等部の生徒は、手帳を持つことによって、やらねばならないことの優先順位を決めたり、余暇の過ごし方を計画したりできるようになっている。手帳とは我々が使っているものと同じである。スケジュール帳は12年間のみならず、一生使っていくものである。文字が理解できない子どもたちには、時期を見てICT機器に移行をし、学校で操作を学び、卒業後もスマートフォン等で利用できるとよい。

何故「教室環境」や「手だて」が大切なのか？

　WHO（世界保健機構）のICF（国際生活機能分類）の考え方では、人間の生活機能と環境因子との相互作用に注目し、障害は心身機能・身体構造の欠陥を指すのではなく、環境が不十分なために十分な活動や参加ができない状態を表しているとされています。障害は、周囲の環境によって十分な活動や社会参加が可能となり、決して固定的な状態ではないのです。学校教育においても同様で、一人一人の子どもの状況に応じて必要な「教室環境」や「手だて」を整えることで、主体的・自発的な活動や、友だちと協働した活動ができるようになると考えています。

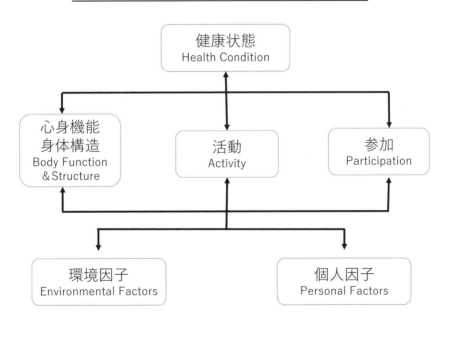

ICF　構成要素間の相互作用の図

Ⅱ 「ことば」でつなぐ
小学部・中学部・高等部

1 コミュニケーション支援とは

　発語がない児童・生徒でも「自ら欲しいものを、カードを使って伝えることができるスキル」を学習することで、心理面の安定や語彙を増やすことにつながる。どの発達段階にある児童・生徒にも、コミュニケーションスキルを教えることは必要な事項である。

　小学部低学年では、カードや「コミュニケーションブック」等を使ってコミュニケーションが自らとれるようになることが目標になる。小学部高学年では、スケジュールとコミュニュケーションを併せて、自ら行動を起こすことができるようになることを目指す。中学部になると、主語を意識して論理的に表現する、言語技術を使ったコミュニケーションを図る。高等部では、中学部から継続して言語技術を軸にしたコミュニケーションを行う。卒業後の生活を意識して、結論から述べて理由を伝える技術を習得する。

　この一連のコミュニケーション指導は、様々な教科学習の中で実践して、般化を目指す。

2 コミュニケーションの初期指導方法

　1枚の絵カードから、欲しいもの、好きなものを獲得することから始め、最終的には複数枚のカードから選択して構文することで、自分の要求を他者へ伝えることができるように段階を踏みながら指導をする。

　①絵カードを渡したら、欲しいものや好きなものがもらえることを学ぶ(要求の手段を得る)。
　②物理的に離れた教員へ注意喚起をして、絵カードを渡すことができる。
　③絵カードを見分けることができる。選択することができる。
　④絵カードを選択して、構文することができる。
　⑤知らない人にも絵カードを見せると要求がかなえられることが理解できる。

3 「コミュニケーションブック」の活用

　コミュニケーションの初期指導が進むと、欲しいものや自分の行動が語彙となってカードの枚数が増えていく。自分の身の回りにある物の名詞や、自分の要求行動を動詞にしてカードにする。自分や担任の先生の顔写真もカードにしてあることで、構文になるときに、主語や「誰

に」「誰が」を表現できるようになる。これは後述の言語技術につながる。この「コミュニケーションブック」は、個人で持つ物である。個人の語彙が増えるとカードも増えていくシステムであるため、一人一冊準備される。授業ややりとり指導の中で覚えた語彙を担任が把握し、「コミュニケーションブック」に新しいカードを作成し備える。そうすることで、その児童生徒は言葉（カード）を使って、自分ではない相手に対し、自発的に新しい言葉を使って、またコミュニケーションをとることができる機会が増えていくのである。他人へ要求が伝わることが分かると、心理面が安定する。心理面が安定すると、また「コミュニケーションブック」を使い、コミュニケーションを図ろうとするよい循環が生まれるのである。

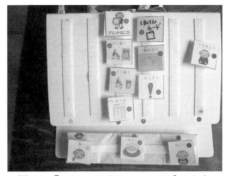

図2　「コミュニケーションブック」

また、「コミュニケーションブック」を活用して自発的な要求ができるようになると、スケジュール指導の中でもコミュニケーション指導も並行して行われる。スケジュールには、1日、授業1時間内、日常生活の指導等、場面を区切りながら見通しをもった活動ができるようにカードが準備される。

4　言語技術教育とは

本校では、つくば言語技術教育研究所所長の三森ゆりか先生の全校研修を通して、全教員が言語技術教育の一部を学んでいる。言語技術教育とは、「思考を論理的に組み立て、相手が理解できるように分かりやすく表現すること」（つくば言語技術教育ホームページより）とある。

言語技術とは、言葉を使うための技術を示しており、より相手に分かりやすく伝えるためには、技術が必要である。言葉を使って自立的に考え、問題解決する能力を養う。考えたことを口頭、記述で自在に表現できるようになり、最終的には自国の文化に誇りをもつ教養ある人材を育成することを目標にしている。

本校では、児童生徒への指導には、主語を入れて文を構成するようにしている。主語が入ることにより、言葉に責任がもてるようになるからである。文型は「主張 ― 根拠 ― まとめ」として3つの文章で表現ができるようにしている。

> 例）私は、〇〇を頑張りました。（主張）
> 　　なぜなら、〜だからです。　　（根拠）
> 　　だから私は、□□をします。（まとめ）

III スケジュール帳の活用でつなぐ 小学部・中学部・高等部

　知的障害のある児童・生徒が、自分自身の時間管理のスキル獲得ができるようになるために、前述のコミュニケーション支援とともに、スケジュール支援を段階に合わせて行っている。また、高等部生徒の中には、スケジュール帳で自己管理ができるように支援を行っている。

1 スケジュール支援とは

　時間管理をすることは、私たち大人でも必要なことであり、誰でも手帳やスマートフォンやパソコン等を使用して、1日・1週間・1カ月・1年などの時間をスケジューリングしている。知的障害の児童・生徒に対しても、個の発達段階に合わせて先の見通しをもたせる支援をすることは、合理的配慮につながる。そのため、スケジュールは、誰にとっても必ず必要なものである。

　まず、児童生徒がルーティンで動き自ら活動ができているものを絵カードにして、スケジュール化することで、スケジュールのスキルが獲得できるようになる。限られた環境以外でも、スケジュール帳を使って動くことができるようになる。そのためには、前述のように、コミュニケーション支援に取り組んでおくことが必須となるのである。

2 スケジュール支援の初期指導

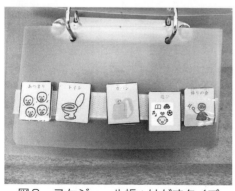

図3　スケジュール帳：はがすタイプ

①短い活動からスケジュール帳の使い方を教える。

②活動は、毎日同じように取り組む（ルーティンワーク）活動が教えやすい。

③スケジュール帳には、「はがすタイプ」「めくるタイプ」「全体を見せてチェックするタイプ」があるため、児童生徒の実態に合わせる。

　児童生徒が使えるようになるには、本人が使いやすいものを選ぶことが大切である。

第5章 小・中・高のつながりのある学び

めくるタイプ

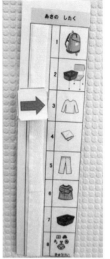
全体が見えるタイプ

　例えば、着替えの場面でもスケジュール（手順表）を用いることで、自発的に一人で着替えを進められるようになる。
　脳が継次処理の場合にはめくるタイプを、同時処理の場合は全体が見えるタイプが適切である。

❸ スケジュール帳活用の支援

　中学部や高等部には、上記のように絵カードを使用したスケジュールを文字化する段階へ移行できるようになる生徒がいる。1日の管理ができるようなフォーマットを作り、記入することから始め、1週間への見通しへと広がりをもたせていくように指導をする。

　また、自分の行動を調節することができるようになり、自ら選択した活動を組むことができるようになる段階の生徒もいる。高等部においては、スケジュール帳を活用できるように支援の範囲を広げる。手帳には、「1日のスケジュール」「帰宅後の過ごし方」「休日の予定（余暇活動）」「月予定」がある。学校の年間行事を記入したり、現場実習の日程から逆算して準備しておかなければならない予定、例えば散髪の日、通勤練習日等を教員と一緒に確認したり、自分で記入しながら卒業後に自己管理ができることを目標に、使い方の指導をしている。

　例えば、体調管理が苦手で不安定さがあったある卒業生の場合は、就労先から支援方法のアドバイスを求められた。この卒業生は、在学中にスケジュール帳をうまく活用できていたため、日報のように心理面と体調面の記載もするように再支援した。自身の状態がスケジュールを介して就労先と共有できるようになり、不安定になる前にお互いに対処することができたことで、卒業生自身の力を活用した効果的な支援に結びつけることができた。

図4　スケジュール帳

「コミュニケーションブック」の活用例　　小学部2年生A君の場合

① 絵カードで示されたスケジュールを確認します。

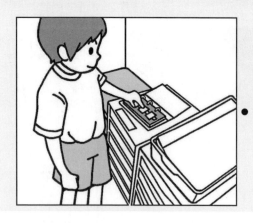

② スケジュールには「保健カード」「遊び」の絵カードが貼られています。

⑤ スケジュールを再び確認します。「保健カード」の次は「遊び」なので…

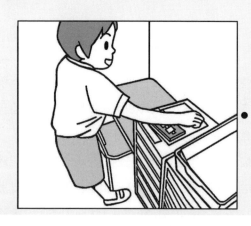

⑥ 「コミュニケーションブック」を取り出しました。

⑨ 構文したバーを先生と一緒に読みます。
「先生」「ブロック」「ください」

⑩ 先生からブロックをもらいます。

第5章 小・中・高のつながりのある学び

③ 「保健カード」を持って、先生のところに届けます。

④ 「保健カード」を先生に届けて教室に戻ってきました。

⑦ 絵カードを使って構文します。「先生」「ブロック」「ください」

⑧ 先生に構文したバーを持って行き、やりたいことを伝えます。

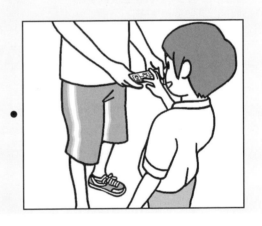

⑪ ブロックで遊ぶ時間です。

⑫ 絵カードを活用することで、児童の中には確実に「語彙」が増えています。

Column 9

自律調整学習者への道
〜インディペンデントからワークシステムへ〜

　中学部では、学習環境の構造化を図り、個別課題を中心に自ら見通しをもって学習に取り組む力を育てることをねらいにしている。将来働くための力をつける視点から自律調整学習者の育成に向けた取り組みとして、朝のモジュールで取り組んでいる「国語・数学」での学習の仕組みを見直してきた。以下の工夫を行った。

①教材棚を共有化する
　・小学部からの指導で、個人の教材棚は使えるようになっているので、中学部では教材棚を個人別ではなく学級で共有化し、個人のスケジュール帳に沿って共有化された教材棚からでも課題を取り、自ら取り組めるようにした。

②自分に合った課題を選択する
　・自分に合った課題を生徒自ら選択して学習のスケジュールをたて、個人別の課題学習の時間を自らコーディネートできるようにした。

③残り時間に合わせて課題を調整する
　・課題を選択した結果として時間が余ってしまったときに、残り時間に合わせた課題を自分で選び、時間いっぱい学習に取り組むようにした。

④自分で答えを確かめられる手だてを用意する
　・辞書や辞典などを活用して、教員に答えを教えてもらうだけでなく、正解を自分で探したり確かめたりできるようにした。

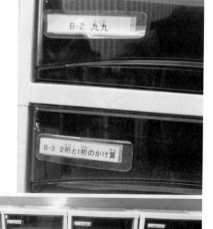

教材棚の共有化

⑤花丸ではなくスタンプ・サインで評価する
　・解答の上に赤丸や花丸を書いてしまうと自分が書いた答えが見えなくなり振り返りができなくなるので、評価を音声言語とスタンプ・サインにした。

（添田　和久）

Column 10

50周年記念ロゴについて

　都立八王子特別支援学校は、2016（平成28）年11月に創立50周年を迎えた。記念ロゴの制作にあたり、本校の今の姿をイメージしてデザインした。

　「50」の数字は一本のリボンで、創立（1966年）から紡いできた教育の場としての本校を表現した。この50年の間に障害のある児童・生徒を取り巻く教育環境は大きく変化した。しかし常にそこには、一人一人の人生を豊かにするために力を尽くす学校の姿があり、その歴史の上に私たちはいる。

50周年記念のロゴ

　本校が一人一人に応じた教育を大切にしていることを"しなやかさ"のあるリボンで表した。リボンの色は3色で3学部を意味し、白は可能性豊かな無垢の色で小学部を表現し、緑は生命力豊かな成長期の色で中学部を表現し、青は培われた自信と誠実の色で高等部を表現した。小中高12年間で教育の積上げができることは本校の強みである。この先も「豊かな人間性、社会性を育み、社会の一員として社会参加、自立できることを目指す学校」として伸びてゆくことを願い、リボンの先を伸びやかに描いた。

　左肩の青い鳥は、生徒が培った力を自信に変え、勇気をもって自ら飛び立つ巣立ちの姿を表現した。そしてその青い鳥に視線を伸ばしている右下の鳥は、一人一人を大切に見つめ、巣立ちの先をも見守っている母校（＝教職員）の眼差しを表現した。右下の鳥の足台の「8トク」は、本校の通称「八特」である。「8」は横にすると「∞」＝目に見立てたり、「∞」＝無限を暗示したりすることで、母校（＝教職員）が卒業後も見守り続けエールを送り続けていることを記した。

　これからも本校は、児童・生徒が楽しく健康的な学校生活を過ごし、将来の自立と社会参加をするための力を培うために、情熱を注いでいくであろう。50周年記念ロゴに思いを込めて、本校の今までに感謝をし、これからにエールを贈りたい。

（佐藤　芙美）

第6章

まとめにかえて

主体的、対話的な学びを描く研究活動を5年間支えて

たすく株式会社 代表取締役　齊藤 宇開

1 基礎固め～「自閉症教育」「授業改善」、そして「ことば」～

（1）出会い

　吉田真理子先生との本格的なおつき合いは、先生が東京都立青鳥養護学校久我山分校の副校長のときである。私は独立行政法人国立特別支援教育総合研究所（以下、特総研）の研究員だった。特総研で進めていたプロジェクト研究「自閉症教育」の研究協力校として、「自閉症教育の7つのキーポイント」の開発や、教室環境の構造化、自閉症の特性と理解、自閉症に応じた教育課程の編成、自閉症に応じた授業実践の提供など、共に我が国の自閉症教育の転換期に携わった。

　その後、吉田先生は、都立小岩特別支援学校（現在は鹿本学園）の学校長となり、それから10年以上、月に最低1回のペースで、アセスメントしたり、授業を観察したり、研究活動に参加したりして、お目にかかってきた。当時（12年程前）の私は、「官から民へ」が、国民的な関心事になり、独立行政法人であった特総研もスリム化を進めていたため、5年間取り組んで、一定の研究の成果報告が整った「自閉症教育」のプロジェクト研究から、重要、かつ多様な課題を解決するための、新たなプロジェクト研究、「キャリア教育」へと移行していた。

（2）現場への普及～全国キャラバン～

　国家の行うプロジェクト研究は、これまでの研究の総括と現状の掌握を報告書で示す、いわゆる「のろしを上げる」ことが目的である。しかし、この「のろし」に呼応し、具体的に普及することを目的とした機関、団体、又は手段が我が国には不足している。長い時間を懸けて明らかにした研究成果も、現場に即したかたちで浸透していかなければ意味が無い。特総研の行ったプロジェクト研究「自閉症教育」から、「キャリア教育」と続いて受け継がれた研究成果の普及形態である「全国キャラバン」は、研究の総括から現場への普及ということを強く意識したことが特徴だった。

（3）研究成果を広く普及する

　そこで、2008年3月に特総研を辞め、経営的なことは何も考えずに「研究成果を広く普及して実践に生かすための活動をしよう」と、たすく株式会社を起業した。ここでは、公費によ

るサービス提供の場である学校とは一線を画したアセスメント（検査）や、個別の課題学習を柱に、私費での療育サービスを行っている（業種としては「学習塾」に近い）。株式会社（民間）では、自己責任において事業を行い、サービス競争を行う経済合理性の考えに基づくため、一部の対象者にしかサービスが行き届かないことがある。そこで、前述の療育サービス事業に加え、研修事業、機関等コンサルティング事業を三本柱に据えて事業を構成することで、黎明期の特別支援教育を支えようという考えである。

　そんな中、吉田先生とのつながりによって、学校コンサルティングの道が拓かれ、現在では学校向けアセスメントを開発し、東京都立の知的障害特別支援学校8校と年間平均550時間程度の契約を結んで、研究と実践の場の架け橋としての役割を担うことができている。

　本章では、今から遡ること5年間の、吉田先生が集大成として都立八王子特別支援学校（以下、本校）で取り組まれた**「主体的・対話的で深い学び」**で実際に行った様々な研究成果を中心に、外部専門員の立場からまとめてみる。

2　自閉スペクトラム症（ASD）への迅速、かつ科学的根拠に基づく対応

（1）自閉スペクトラム症（ASD）に対応した教育カリキュラム

　知的障害が知的機能と適応行動の遅れが定量的に規定される障害である一方で、自閉スペクトラム症（以下、ASD）は、アンバランスな認知的発達と、対人コミュニケーションと対人相互作用の持続的障害や、感覚処理の問題、モノ・トラックなどの特異な困難さ、さらには知的発達の遅れが伴う場合がある。また、これらの特徴が一人一人に混在しているため、高い認知的能力を活用するための教科指導と、特異な困難さを改善するための自立活動の指導、さらには未分化な発達段階を考慮した個人別の課題学習を、従来の知的障害特別支援学校で行われてきた生活経験重視の指導と併せて行う必要がある。つまり、「ASDを伴う知的障害」という知的障害のバリエーションとしてではなく、「知的障害を伴うASD」として、知的障害特別支援学校で培われてきた生活経験重視の指導に加え、新たなASDの指導に対応した教育カリキュラムを検討し、実践を積み重ねていく必要があるとまとめることができる。

　本校でも、小学部でASDのあるお子さんの在籍率が50％を超えているように、多くの知的障害特別支援学校では、ASDがあり、行動面での困難を抱えるお子さんへの対応が必須となった。このことからも、本校のASDの指導に対応した環境の構造化から主体的・対話的で深い学びへの教育カリキュラムの変遷は、多くの示唆を与えてくれる成果となったということができるだろう。

（2）教育環境の整備

本校での特徴は、これまで吉田先生が校長として在職した各校と同様に、教育環境の整備からだった。無駄なものは一切妥協せずに廊下から排除し、掲示をシンプルにして教育環境を整える。同時に職員の机上を整備して個人情報等の紛失を避けることも加わる。特筆するべきなのは、特別支援教育の三種の神器と呼ばれているコミュニケーション、スケジュール、タスク・オーガナイゼーションの整備だ。赴任してすぐの夏休みには、担任している児童生徒用のコミュニケーション・ブックを作成する機会を幹部職員のリーダーシップで、材料準備から製作までを実行して、使用方法の講演会やワークショップまで行った。

（3）「センソリー・エリア」の重視

その他にも教育環境の整備を進めていく中で、画期的な取り組みの一つに「センソリー・エリア」の設置がある（図2）。吉田先生はこの設置にこだわった先駆者だ。これは知的障害特別支援学校が、激しい行動問題を抱えるお子さんを対象とする使命があることからも、大いに参考になる取り組みだと思う。センソリー・エリアとは、感覚処理の問題を抱えているお子さんに対して、自ら落ち着いて、感情のコントロールをしたりすることができる部屋や空間である。エリアには子どもが好きな感覚を取り入れることができるように、視覚や聴覚などの感覚刺激を得られるグッズが用意されている。自ら気持ちを落ち着け、再び活動に戻れるように主体的に感覚を取り入れ、自ら感情（情動）のコントロールをして、心理的に安定するためのエ

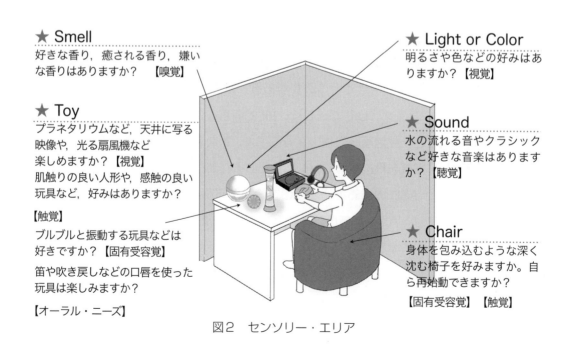

図2　センソリー・エリア

表1　センソリー・エリアの使用方法

- 滞在時間は、約3分間。
- 好まない刺激は取り除く。
- 再始動しやすい座位で過ごす。
- 自ら活動を切り上げる。
  （必要に応じて時計の設置や電気点灯）

リアであることも特徴の一つだ。子どもたちが、自らセンソリー・ニーズを満たす方法を身に付け、主体的に感覚処理の問題を解決できるように指導する、教育的な意味付けとしての環境の構造化であり、「主体的・対話的な学び」を意識した取り組みだ。

（4）環境の構造化から主体的・対話的で深い学びへ～学習の基本構造を重視した実践～

次に学習の基本構造（図3）を最大限重視した実践研究である。この図は、「自閉症教育実践マスターブック」（以下、マスターブック、図1）で掲載したものを、本校をはじめとする学校コンサルティング向けに改訂したものだ。

発達障がいのある人の支援は、日々の生きづらさやうまくいかない背景にある特性、特徴、性格（学習スタイル）を、必ずアセスメントをとおして理解し、その学習スタイルが活かせる環境調整（構造化）を行うことから始めることが望ましい。

つまり、それぞれの特徴を、脳科学に基づいて「理解」するために、一定の時間を設けて個人別のアセスメントを行う。理解が先、次に環境調整（構造化）、続けて「J☆sKepアプローチ」を基本とする一人一人に応じた療育である。特に環境調整（構造化）は、最も重視すべきテーマということができる。ASDのある人はWISCやWAISなどの知能検査で、一般に

図1　「自閉症教育実践マスターブック」（ジアース教育新社）

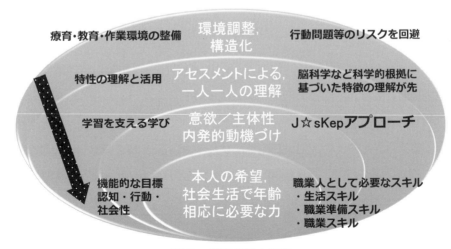

図3　学習の基本構造

表2　5つの構造化の具体的な要素

○場所を構造化する〈物理的構造化〉
○時間を構造化する〈スケジュール〉
○活動を構造化する〈ワークシステム〉
○流れを構造化する〈ルーティン〉
○課題を構造化する〈視覚的構造化〉

動作性知能の方が、言語性知能より高いことが明らかである。コミュニケーション・スキルの発達には、視覚的支援が不可欠なことは、もはや常識となっており、これからの様々な視覚的支援を試みる必要がある。「構造化」によって、環境が理解できることで、主体的な学びに最も大切な「自尊感情」を培ったり、取り戻したりすることができることも構造化の支援を先に行うメリットの一つである。

これまで述べてきたように、本校の教育環境は、「構造化」（表2）という手法を大切にして整備されていたが、常に「構造化」では、双方向性のコミュニケーション（「主体的・対話的な深い学び」）に視点をもつことが最も大切だ（図4）。

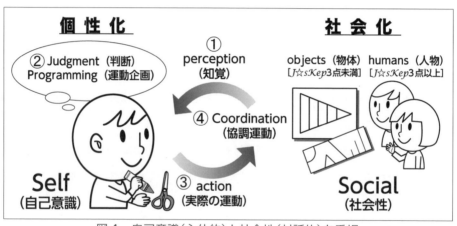

図4　自己意識(主体的)と社会性(対話的)を重視

最初は、① Perception（知覚）、すなわち子ども自身が自ら知覚し、理解できる環境を用意することが原則である。②周囲の環境を十分に理解できるように、視覚的構造化などを使って、分かりやすい環境を用意する。その上で、③ Action（実際の運動）、表出する、すなわち、表現し伝達することを代替・拡大コミュニケーションなどの支援ツールを段階的に用いて実際の行動に移す。その結果、④対象物や対象者からの Coordination（協調運動）に対して、再び① Perception（知覚）に戻って繰り返していく。

3 教育カリキュラムの提示〜教師は授業のプロである〜

（1）独自のアセスメント指標の導入〜全校で実施〜

　本校の教育カリキュラムの基本は、アセスメントの指標を全校に導入したことにある。第1章の坂爪一幸先生（早稲田大学）の「言語機能アセスメント」、そして冒頭に述べたように吉田先生にも研究に携わっていただいた特総研のプロジェクト研究「自閉症教育」の研究成果である「J☆sKeps™アセスメント」である。「J☆sKeps™」とは、Japanese Seven Key Points から頭文字を取った造語で、正式には「自閉症教育の7つのキーポイント」となる（表3）。

　「J☆sKeps™」は、図5のように、主体性を冠にした「行動管理」「コミュニケーション」「模倣」「認知」の5区分に分類することができる「自立活動」の考え方に近く、「学習を支える学び」と定義している（次頁表3）。つまりJ☆sKeps™アセスメントは、行動、認知、コミュニケーション、模倣力に加え、社会参加や社会適応の尺度としても有効なツールということができる。

　J☆sKeps™アセスメントは、項目に沿って、○△×の3段階で評価していく。6点満点で、3点の中間点を超えたら、一定の主体性が身に付き、インクルーシブな（統合された）環境で学ぶことができるように、社会参加尺度、又は社会適応尺度を意識している指標ということもできる。J☆sKeps™は、7項目全てを重視しており、並行指導が基本である。平均点

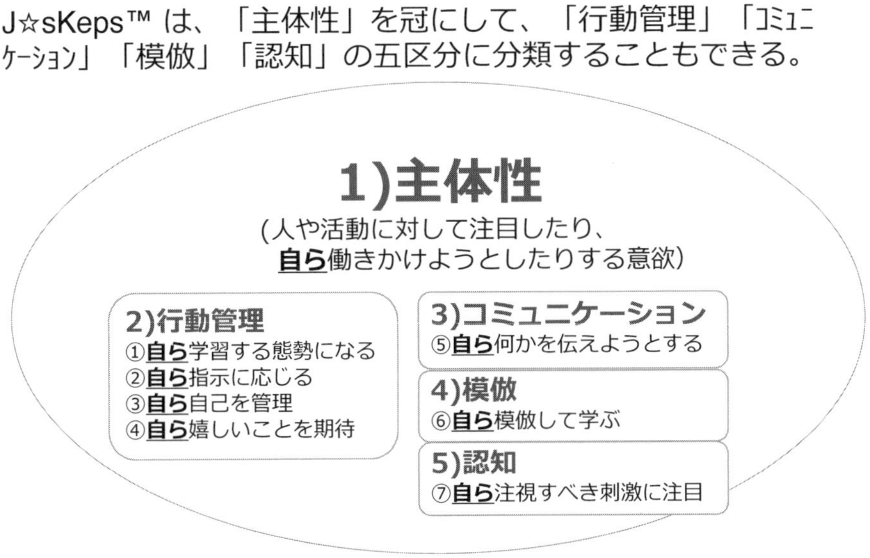

J☆sKeps™は、「主体性」を冠にして、「行動管理」「コミュニケーション」「模倣」「認知」の五区分に分類することもできる。

1）主体性
（人や活動に対して注目したり、**自ら**働きかけようとしたりする意欲）

2）行動管理
①**自ら**学習する態勢になる
②**自ら**指示に応じる
③**自ら**自己を管理
④**自ら**嬉しいことを期待

3）コミュニケーション
⑤**自ら**何かを伝えようとする

4）模倣
⑥**自ら**模倣して学ぶ

5）認知
⑦**自ら**注視すべき刺激に注目

図5　主体性を育てるためのJ☆sKeps™
国立特別支援教育総合研究所（2006）

表3 J☆sKeps™
Japanese seven Key points

「学習を支える学び」
①自ら学習する態勢になる力【学習態勢】
②自ら指示に応じる、指示を理解できる力【指示理解】
③自ら自己を管理する、調整する力【セルフマネージメント】
④自ら楽しいことや嬉しいことを期待して活動に向かう力【強化システムの理解】
⑤自ら何かを伝えようとする意欲と、個に応じた形態を用いて表出する力【表出性のコミュニケーション】
⑥自ら模倣して、気づいたり学んだりする力【模倣】
⑦自ら課題解決のために注視すべき刺激に注目できる力【注視物の選択】

国立特別支援教育総合研究所（2006）

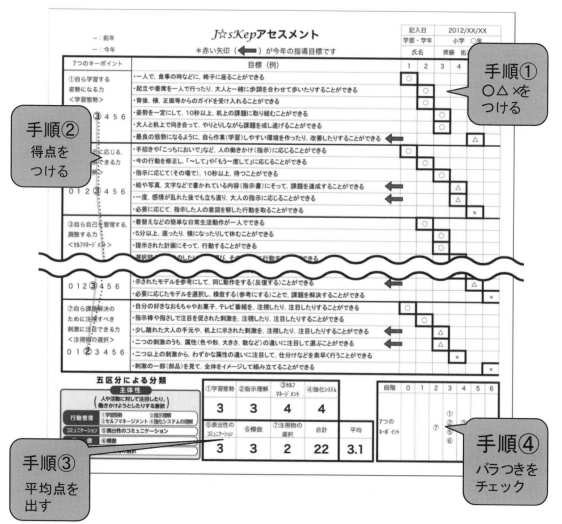

図6　本校におけるアセスメント～言語アセスメントとJ☆sKeps™の分布相関図～

と比較して得点の低いキーポイントは、それだけ本人の不全感につながることが予想されるため、特に注視する必要がある。また、「思春期の嵐」と呼ばれるような第二次性徴時の行動上の問題が生じると、目先の対応に追われてしまうことがある。そんなときにも、J☆sKeps™を見直すことで、主体性を重視することができる（図6）。

（2）「ことば」にこだわる指導

本校の「ことば」を中心とした教育カリキュラムについては、本書でも多く取り上げられているとおりである。「意思決定支援」に代表されるように、障がいがある人の権利を守り、生活を維持するためには、自分のことを自分の「ことば」で語るのが最善である。また自分のことを対象化して「心の有り様」を認識するためには、そもそも「言語」で思考しなければならない。言語とは母国語であるから、自然と日本人なら日本語を学ぶ必要があるといえる。本校の研究をとおして、「心を育てるコミュニケーションの発達段階」をまとめた。これは三項関係まで導く過程〈共鳴動作、人見知り、共感の指差しから三項関係〉や「心、感情交流を内包したコミュニケーションの生成」に向けた〈人や物がもつ機能的役割の理解と、循環的行動の質を高め、そこからの脱皮〉などである。最終的には、メタ認知や自己調整学習者までの15段階を示したものである（次頁図7）。

（3）指導略案の一本化と、授業を見合う文化の構築～チームでアプローチ～

最後に、吉田先生が終始一貫して取り組んだ、教師のチーム力向上について述べる。小岩特別支援学校の時代から、定期的に授業研究や研修会をとおして、授業改善（チーム・アプローチ）に取り組む機会に恵まれた結果、135頁の表4のような授業研究の方法を確立することができた。この授業研究の方法は、全国各地に赴き、キャラバンで伝えている。

❹ 新たなカリキュラムの創造に向けて、トライし続けよう！

最後に、本校に5年間、外部専門員（学術経験者）として携わった者として、客観的な評価をするべきだと思うが、「本当に楽しかった」という、とても客観的とは言えない感情的な言葉にしたいと思う。ここまで述べてきたように、「学習を支える学び（J☆sKeps™）」を中心とするASDに対する先駆的な取り組みをしたり、「ことば」の指導に統一された研究体制の上に立つコンサルティングは、先生方もブレないから心地よかった。校長のリーダーシップが授業（＝現場）そのものにあることで、全職員のチームワークが向上し、学校全体が活性化するということが重要だということを伝えたい。

また、地域の住民が校長室に出入りする高等部の喫茶班の「ビースマイルカフェ」をはじめ、するべきことが迅速に進む学校運営は初めてだった。特に吉田先生の最後の1年は、1カ

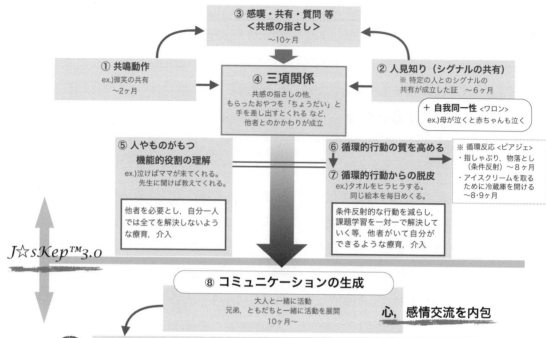

図7　心を育てるコミュニケーションの発達段階と療育方法の検討

表4　授業研究の方法

```
□ 役割を決める（司会、記録、報告者）
□ 常に共通目的を意識して話し合う
  ① 発表者は書式に沿って事例を報告する。〔VTRも用いる〕
  ② 参加者は発表者への質問をして、全員で出来事（インシデント）の背景となる事実をまとめる。
  ③ 全員で問題点を明らかにする。＝問題の発見
  ④ 参加者はブレーンストーミング方などを用いて、解決策とその理由を話し合う。
        ＝解決策の決定
      ・解決策を、付箋紙1枚に1つずつ書き出す。
  ⑤学んだことの検討をする。
      ・検討した結果を手紙にまとめる。
      ・手紙を読んだ後に、事例提供者から感想をもらう。
```

月ほど行かないと、かなり進んでいるので、来校する度に付いていくのがやっとだった。結局は「主体的・対話的で深い学び」とは、学校を構成する児童・生徒とPTA（家族、教師、地域住民）が、トライ（挑戦）し続けることだと思う。

【文献】

独立行政法人国立特別支援教育総合研究所編著　徳永豊監修（2008）自閉症教育実践マスターブック－キーポイントが未来をひらく－．ジアース教育新社

齊藤宇開・内田俊行（2007）自閉症教育のキーポイントとなる指導内容－7つのキーポイント抽出の経緯と内容を中心に－．国立特別支援教育総合研究所．国立特別支援教育総合研究所研究紀要第34巻

齊藤宇開監修（2018）たすくの療育7．たすくグループ

資　料

東京都立八王子特別支援学校の教育

指導内容の例　　自閉症学級

① 自閉症の方にとって必ず必要なもの（例えば眼鏡、車椅子、杖のようなイメージ）
コミュニケーション（代替手段を用いたものを含む）、スケジュール、タスクオーガナイゼーション（注１）
が、使えるようになる。

（注１）タスクオーガナイゼーションとは、我々が自然と身につけている、上から下へ、左から右へ等のルールに従って、物事を整理し、情報を取り、学習や仕事をする等の態勢をつくることを、整理して身につける方法
- 仕事がしやすいように、自分で机の上を、始めるものは左へ、終わったものは右へと、整理すること。
- 次の仕事をするために、机のものを下に置いて、上から新しい仕事を取り、左から右へと仕事をすること
- 床で運動をするために、机を端に寄せて、マットを敷き、運動をし、終わったら、元に戻す。
- 一番大事な情報は左上にある（書類）。情報は上から下へ読む。

② 体の取り組み（バランスボール、腕立て、重いリュックを背負って階段歩行等、個別に必要な活動）

③ 順番　ルール　着席行動　注目（ゲーム等）

④ 発声、発語の取り組み（口まわり、舌の体操等）

⑤ 主体的な活動（スケジュールを確認し、必要な道具等を要求し（コミュニケーション）、わかって活動し（タスクオーガナイゼーション）、報告し、報酬をもらう）

⑥ 報酬系（報酬を目当てに、⑤を行い、チップ or シールを貯め、より複雑なコミュニケーションを行い、楽しみにしていたことをゲットする）

⑦ 情動の交流（相手に合わせる、一緒に、やり取り活動）布ボール運び、お茶会、風船運び等

⑧ ソーシャルスキルトレーニング（ロールプレイ等）

⑨ 般化

【小学部　取組の計画】
1年：①、②、③、④、⑤（朝の学習※）⑨（各教科）
2年：①、②、③、④、⑤（朝の学習）⑨（各教科）
3年：①、②、④、⑤、⑥（朝の学習）⑨（各教科）
4年：⑤、⑥（朝の学習）、⑦（金午後の１コマ）⑨（各教科）
5年：⑤、⑥（朝の学習）、⑦（金午後の１コマ）⑨（各教科）
6年：⑤、⑥（朝の学習）、⑦、⑧（金午後の１コマ）⑨（各教科）

【中学部　取組の計画】
- 小学部からの積み上げを踏
- 特に、⑧の課題が中心とな
- 生徒の実態によっては、①
- 学級内での実態の幅が大き
　学級内での課題別活動など

※朝の学習：日常生活の指導、自立活動、社会性の学習

の取組（例）　　　教材の例

個別に作成　これは、自閉症の方にとって一生必要なもの
コミュニケーションブック+絵カード　スケジュールブック（一日用）
手順表（活動用）　フィニッシュボックス、教材かご、教材棚等

バランスボール　手型、足型、クッションシート　ボール（抱えるよう）

授業スケジュール絵と文字カード　順番用顔写真と名前カード
ぱっくんわに、くろひげ危機一髪等

口の形の絵　体操を示す絵
　ティッシュやストロー等、息を吹いて動くもの等

コミュニケーションブック　スケジュール　手順表
　活動に必要な道具類
　ご褒美グッズ（個別に好子をアセスメントしておく）
　花丸カード、シール、チップ等

風呂敷とボール、筒とボール、じゃんけんカード、風船等

状況絵カード、表情カード

まえ、⑥⑦⑧⑨の課題が中心となる。
るケースが多くなる。
②⑤の基礎的部分を積み直す必要もある。
くなる傾向にあり、授業内での個別の指導や、
も必要になってくる。

【高等部】
小中で積み上げてきた
支援を活用する力をベースに、
個に応じた配慮の中で、
社会的な集団の中で過ごす力を育てる。

障害特性に応じた教育
～わかって動く～
小学部

身体の取り組み

- 小学部では、体幹を整え、学習、生活の基盤となる力を育てます。
- 低学年は、毎朝リズム運動を行い、自分の身体を支える力、動きを調整する力等をつけます。
- 個別に必要な運動は、学級で取り組みます。
- 少しずつ、毎日続けて取り組みます。

学習活動

- 15分間は、集団で学習します。着席行動、注目する力、順番等、自分でわかって活動します。
- 30分間は、個別学習を行います。教材ボックスを使用し、自分から手順を理解して学習します。
  大人のガイドを多用し、自分から報告、評価を受ける場面を設定し、自分で学習します。

社会性の学習

- スケジュール・手順書を見て、わかって自分から動くことを、場面を設定して学習します。
- 何らかの方法を使って、どの児童も相手に注意喚起をし、自分からコミュニケーションをとることを学習します。
- 上から下、左から右等の情報の捉え方等を、個別に場面と課題を設定して取り組みます。
- シール、花丸、10円シート等、児童の励みになるご褒美を活用し、動機付けを持って自分から取り組みます。

《週時程表》の例　小学部3年生

	月			火			水			木			金		
	普通学級	自閉学級	重度重複	普通学級	自閉学級	重度重複	普通学級	自閉学級	重度重複	普通学級	自閉学級	重度重複	普通学級	自閉学級	重度重複
8:45	SB到着														
9:00–9:15	日常生活の指導（着替え、排せつ、朝の会）														
9:30–9:45	体育		自立活動	体育		自立活動	体育		自立活動	体育		自立活動	体育		自立活動
10:00–10:15	自立活動	社会性の学習		自立活動	社会性の学習		自立活動	社会性の学習		自立活動	社会性の学習		自立活動	社会性の学習	
10:30–11:15	国語・算数			生活単元学習			図画工作			生活単元学習			音楽		
11:30–12:00	体育			生活単元学習			国語・算数			生活単元学習			国語・算数		
12:15	日常生活の指導（給食準備）														
12:30–13:00	給食														
13:00	昼休み														
13:15–14:00	日常生活の指導（給食片付け、歯磨き、掃除、着替え・排せつ、帰りの会）			日常生活の指導（給食片付け、歯磨き、掃除）			日常生活の指導（給食片付け、歯磨き、掃除、着替え・排せつ、帰りの会）			日常生活の指導（給食片付け、歯磨き、掃除）			日常生活の指導（給食片付け、歯磨き、掃除、着替え・排せつ、帰りの会）		
14:15	SB発車						SB発車						SB発車		
14:30–14:45				国語・算数						音楽					
15:00–15:15				日常生活の指導（着替え・排せつ、帰りの会）						日常生活の指導（着替え・排せつ、帰りの会）					
15:45				SB発車						SB発車					

障害特性に応じた教育
～自ら学ぶ～
中学部

教材教具 視覚支援

- 生徒一人一人の課題に応じた教材を多く用意し、「学級国数」や「自立活動」の時間に個別学習を行っています。
- 各教材は、生徒の一人で学ぶ力を育むため、さまざまな視覚的な支援を積極的に取り入れています。
- 生徒の課題に応じ、スケジュールカードやコミュニケーションブックを小学部から継続して活用しています。
- 学習課題に応じて、タブレットのアプリや、スライド教材を活用しています。

学習活動

- 課題が近い生徒で学習集団をつくり、「国語・数学」「音楽」「美術」などの学習に取り組んでいます。
- 「生活単元学習」や「総合的な学習の時間」では、学年全員で学習活動に取り組むこともあります。
- インタラクティブボード（電子黒板）が積極的に活用されており、生徒の興味・関心を引き出しています。
- それぞれ集中し、落ち着いた雰囲気の中で学習しています。

作業学習

- 福祉就労や企業就労を見据えた高等部での学習活動に接続するため、中学部の作業学習では、これまで培われてきたスケジュール管理の考え方を発展し、用意された作業の手順書に従い生徒自ら各工程の流れを理解し、作業に取り組む場面を設けています。
- 中学部作業班には「紙工班」「布工班」「手工芸班」の三つがあり、基本的に三年間で全ての作業班を経験します。

交流活動

- 将来、生徒が身近な地域社会に暮らす「共生社会」を実現するため、第六中学校との学校間交流や、第三ふたみ会との地域交流などに取り組んでいます。
- 地域の理解啓発と、生徒のボランティア精神の醸成を図るため、学校周辺の公園清掃などにも取り組んでいます。

《週時程表》の例　中学部1年生

時刻	月 普通学級	月 自閉学級	月 重度重複	火 普通学級	火 自閉学級	火 重度重複	水 普通学級	水 自閉学級	水 重度重複	木 普通学級	木 自閉学級	木 重度重複	金 普通学級	金 自閉学級	金 重度重複
8:45–9:00	SB到着														
9:00–9:15	日常生活の指導（着替え、朝の会）														
9:30–9:45	国語・数学		自立活動	国語・数学		自立活動	国語・数学		自立活動	国語・数学		自立活動	国語・数学		自立活動
10:00–10:15	保健体育		自立活動	保健体育		自立活動	作業学習			保健体育		自立活動	保健体育		自立活動
10:45–11:15	音楽/美術			生活単元学習			作業学習			音楽/美術			職業・家庭		
11:30–12:15	国語・数学			生活単元学習			作業学習			保健体育			職業・家庭		
12:30–12:45	給食														
13:00	昼休み														
13:15	日常生活の指導（清掃等）														
13:30–13:45	自立活動	社会性の学習	自立活動	自立活動	社会性の学習	自立活動	日常生活の指導（着替え、帰りの会）			自立活動	社会性の学習	自立活動	自立活動	社会性の学習	自立活動
14:00							SB乗車								
14:15–14:45	保健体育			生活単元学習						総合的な学習の時間			国語・数学		
15:00–15:15	日常生活の指導（着替え、帰りの会）			日常生活の指導（着替え、帰りの会）						日常生活の指導（着替え、帰りの会）			日常生活の指導（着替え、帰りの会）		
15:30	SB発車			SB発車						SB発車			SB発車		

職業教育・進路指導の充実
～社会にはばたく～
高等部

作業学習
- 卒業後の就労を意識した作業学習の実践
- 生徒が主体的に動き、考え、判断する、ことばとコミュニケーションを軸にした学習活動
- 教室環境の構造化、手順書を整えることで、生徒が「一人でできる」作業学習
- Ⅲ類系は「喫茶班」「流通・事務班」「ビルクリーニング班」「農芸班」、Ⅰ・Ⅱ類系は「食品加工班」「窯業班」「布工班」「第2農園芸班」のいずれかに所属します

部活動
運動部：陸上、球技等

文化部：バンド、太鼓、合唱等

- 豊かな人間関係を築く力を高めます
- 集団活動を通じた他者との感情の交流を育みます
- 体力の向上を図ります

進路指導
産業現場等における実習（現場実習）・就業体験

- 実際の労働体験から、働くことの意義や社会生活に必要な態度を学習します
- 卒業後の生活や進路を自分で考えることに役立てます
- 1年生は2日間×1回の就業体験
- 2年生は2日間×1回の就業体験、2週間×1回の現場実習
- 3年生は2週間×2回の現場実習

《週時程表》の例　高等部2年生

時間	月 Ⅰ類	月 Ⅱ類	月 Ⅲ類	火 Ⅰ類	火 Ⅱ類	火 Ⅲ類	水 Ⅰ類	水 Ⅱ類	水 Ⅲ類	木 Ⅰ類	木 Ⅱ類	木 Ⅲ類	金 Ⅰ類	金 Ⅱ類	金 Ⅲ類
8:45–9:00	自立活動	保健体育	SHR	自立活動	保健体育	SHR	自立活動	保健体育	SHR	自立活動	保健体育	SHR	自立活動	保健体育	SHR
9:15–9:30	日常生活の指導	日常生活の指導	保健体育	日常生活の指導	日常生活の指導	保健体育	日常生活の指導	日常生活の指導	保健体育	日常生活の指導	日常生活の指導	保健体育	日常生活の指導	日常生活の指導	保健体育
9:45–10:30	自立活動	職業	数学	作業学習	作業学習	作業学習	自立活動	国語	国語	自立活動	音楽	作業学習	自立活動	生活単元学習	英語
10:45–11:30	美術	家庭	職業	作業学習	作業学習	作業学習	職業	職業	職業	数学	理科／社会	作業学習	生活単元学習	生活単元学習	社会
11:45–12:15	美術	家庭	音楽	作業学習	作業学習	作業学習	保健体育	保健体育	保健体育	職業	理科／社会	作業学習	保健体育	保健体育	保健体育
12:30–12:45	給食														
13:00	昼休み														
13:15–14:00	音楽	国語	美術	作業学習	作業学習	作業学習	家庭	美術	情報	国語	数学	家庭	LHR	LHR	LHR
14:15–15:00	国語／数学	数学	美術	作業学習	作業学習	作業学習	家庭	美術	理科	生活単元学習	職業	家庭	総合的な学習の時間	総合的な学習の時間	総合的な学習の時間
15:15–15:30	日常生活の指導	日常生活の指導	職業	日常生活の指導	日常生活の指導	職業	日常生活の指導	日常生活の指導	職業	日常生活の指導	日常生活の指導	職業	日常生活の指導	日常生活の指導	職業
15:30–15:45	SHR	SHR	SHR	SHR	SHR	SHR	SHR	SHR	SHR	SHR	SHR	SHR	SHR	SHR	SHR

文献一覧

文部科学省『特別支援学校学習指導要領解説　総則編』開隆堂　2018年
たすく株式会社　齊藤宇開　監修『たすくの療育　J☆sKepアプローチ』2017年
全国特別支援学校知的障害教育校長会・編著　丹野哲也　監修『インクルーシブ教育システム時代のことばの指導』
　学研プラス　2015年
坂爪一幸『特別支援教育に力を発揮する神経心理学入門』学研教育出版　2011年
独立行政法人国立特別支援教育総合研究所編著　徳永豊　監修『自閉症教育実践マスターブック―キーポイントが未来
　をひらく』ジアース教育新社　2008年
坂爪一幸『特別支援教育に活かせる発達障害のアセスメントとケーススタディ』学文社　2008年
櫻本明美『説明的表現の授業～考えて書く力を育てる～』明治図書　1995年

執筆者一覧

吉田真理子	洗足学園音楽大学　教授	
	（はじめに、第2章Ⅰ、第3章Ⅰ、第4章Ⅰ、第5章Ⅰ、コラム5・6・8）	
坂爪　一幸	早稲田大学教育・総合科学学術院　教授　博士	
	（第1章）	
土田　委弘	東京都立八王子特別支援学校　主幹教諭	
	（第2章Ⅱ、第3章実践事例、コラム2）	
添田　和久	東京都立八王子特別支援学校　主幹教諭	
	（第3章Ⅱ、コラム9）	
濱田　恵	東京都立八王子特別支援学校　副校長	
	（第4章Ⅱ、コラム7）	
田島　昭美	東京都立八王子特別支援学校　主幹教諭	
	（第5章Ⅱ・Ⅲ、コラム1・4）	
齊藤　宇開	たすく株式会社　代表取締役	
	（第6章）	
佐藤　芙美	東京都立八王子特別支援学校　主任教諭	
	（コラム3・10）	

（2019年3月現在）

編著者プロフィール

吉田　真理子（よしだ　まりこ）

　大阪教育大学卒業。兵庫県明石市の小学校に3年間勤務したのち上京。東京都の特別支援学校の教諭となる。通常の小学校で足りなかった指導の視点に気づき、以来30年間、主に知的障害特別支援学校の小学部・中学部・高等部に勤務した。「自分でやらないとやれるようにならない。」を指導理念に掲げて、都立小岩特別支援学校、都立王子第二特別支援学校、都立八王子特別支援学校の校長を11年間務めた。2018年4月より洗足学園音楽大学教授・教職センター長。

【主な共著書】
『文部科学省著作教科書（知的障害・音楽）』（文部科学省）
『新時代の知的障害特別支援学校の音楽指導』（全国特別支援学校知的障害教育校長会編著、2015年、ジアース教育新社）
『知的障害教育における専門性の向上と実際』（全国特別支援学校知的障害教育校長会編著、2012年、ジアース教育新社）
『インクルーシブシステム教育時代のことばの指導』（全国特別支援学校知的障害教育校長会編著、2015年、学研プラス）
『発達障害白書2015年版』（日本発達障害連盟編、2014年、明石書店）
『発達障害白書2016年版』（日本発達障害連盟編、2015年、明石書店）
『発達障害白書2017年版』（日本発達障害連盟編、2016年、明石書店）
『発達障害白書2018年版』（日本発達障害連盟編、2017年、明石書店）
『発達障害白書2019年版』（日本発達障害連盟編、2018年、明石書店）
『知的障害教育におけるカリキュラム・マネジメント』（丹野哲也・武富博文編著、2018年、東洋館出版社）
など

- ■表紙・本文デザイン　小林　峰子
- ■イラスト　岡村　治栄

こうやればできる！
知的障害特別支援学校の「主体的・対話的で深い学び」

2019年9月20日　初版第1刷発行
2021年9月28日　初版第2刷発行

- ■編　著　吉田　真理子
- ■発行人　加藤　勝博
- ■発行所　株式会社 ジアース教育新社
　〒101-0054　東京都千代田区神田錦町1-23　宗保第２ビル
　TEL：03-5282-7183　FAX：03-5282-7892
　E-mail：info@kyoikushinsha.co.jp
　URL：http//www.kyoikushinsha.co.jp/

- ■印刷・製本　株式会社 新藤慶昌堂

©Mariko Yoshida 2019, Printed in Japan
ISBN978-4-86371-512-7
定価はカバー表示してあります。
乱丁・落丁はお取り替えいたします。（禁無断転載）